Power
Automate
と
Python
でマスターする
Excel高速化

Kanahiro Kazumi

金宏和實

日経BP

はじめに

　本書を手に取っていただきありがとうございます。本書に興味を持ってくださったということは、きっとプログラミングの経験がある方か、ないにしてもプログラミングに興味のある方だと思います。

　では、みなさんは「プログラミングとは何か?」と問われたら、どう答えますか。

「英語と記号を使って、コンピュータにわかるように命令を書いていくこと」

　十年一昔 (ひとむかし) と言いますが、10年前ならこの答えで正解だったかもしれません。

　しかし、現在ではScratch (スクラッチ) のようにコマンドブロックをつないだり、重ねたりしてプログラムを作っていくビジュアルなプログラミング環境が普及しています。また、ここ数年ではRPAツールの普及が顕著です。RPAはRobotic Process Automationの略ですが、何をするためのツールかというと、コンピュータ上で処理を自動化するツールです。つまり、目的はプログラミング言語と同じです。そして、Scratch同様、やることを順にブロックで記述していきます。さらに日本語で記述できる範囲が多いというのも、RPAツールとプログラミング言語の目に見える違いかもしれません。でも、実は両者に本質的な違いはありません。プログラミングとビジュアルプログラミング、RPAツールの画面を見比べてみてください。

```python
    list_row = 2

    path = pathlib.Path(SALES_SLIP_PATH)    #絶対パス指定

    file_lst = path.glob("*.xlsx")
    for file_obj in file_lst:
    #for file_obj in path.glob("*.xlsx"):    #実は1行で書ける
        wb = openpyxl.load_workbook(file_obj)
        for sh in wb:
            for dt_row in range(9,19):
                if sh.cell(dt_row, 2).value != None:
                    lsh.cell(list_row, 1).value = sh.cell(2, 7).value    #伝票NO
                    lsh.cell(list_row, 2).value = sh.cell(3, 7).value.date()    #日付
                    lsh.cell(list_row, 3).value = sh.cell(4, 3).value    #得意先コード
                    lsh.cell(list_row, 4).value = sh.cell(3, 2).value    #得意先名
                    lsh.cell(list_row, 5).value = sh.cell(7, 8).value    #担当者コード
                    lsh.cell(list_row, 6).value = sh.cell(dt_row, 1).value    #No
                    lsh.cell(list_row, 7).value = sh.cell(dt_row, 2).value    #商品コード
                    lsh.cell(list_row, 8).value = sh.cell(dt_row, 3).value    #商品名
                    lsh.cell(list_row, 9).value = sh.cell(dt_row, 4).value    #数量
                    lsh.cell(list_row, 10).value = sh.cell(dt_row, 5).value    #単価
                    lsh.cell(list_row, 11).value = sh.cell(dt_row, 4).value * sh.cell(dt_row, 5).value    #金額
                    lsh.cell(list_row, 12).value = sh.cell(dt_row, 7).value    #備考
                    list_row += 1

    lwb.save(SALES_LIST_PATH + "\salesList.xlsx")
```

Pythonでプログラミングをしている Visual Studio Code の画面

Scratch のスクリプト

Power Automate でフローを作成中の画面

　これだけ見た感じが異なるのに、違いがないとはどういうことかというと、いずれもその本質は現実世界に存在する問題を解決する方法をコンピュータに伝えること、つまり処理の仕方を指示することだからです。

　Excelでデータ処理を自動化すると言えば、まずVBA（Visual Basic for Application）が頭に浮かびます。VBAはMicrosoftの汎用プログラミング言語 Visual Basic を Excel や PowerPoint などのアプリケーションに特化させたプログラミング言語です。

　Excel VBAでマクロを作成すればExcelに関する処理なら何でもできます。ですが、Excelのマクロは Excel 上で動くため、そもそも機能が豊富すぎる Excel 上ではマクロを作成したことにより動作がさら

に重く遅くなりがちです。また、悪質なマルウェア（マクロウィルス）の
せいで、マクロを有効にした状態で、Excelのファイルをメール添付で
送ることは難しくなりました。Excel VBAには受難の時代です。でも、
Excel VBAで作成されたプログラム資産は多く、何と言っても自分で
自分のために作成したマクロは便利です。筆者もExcelワークシート
に入力した仕訳データをAccessデータベースのテーブルに追加する
処理をずいぶん前に自作し、今でも便利に利用しています。マクロを
使えばAccessに追加する前にExcel上でデータのチェックができま
すし、自分が入力したデータを自分のマクロで処理するのですから、
いつでも仕様を追加したり、プログラムを変更したりできます。いちい
ち手入力することと比べたら、手に羽が生えたような感覚になります。

　しかし、VBAの場合、データが増えてくるとやっぱり処理速度が
気になります。それに対して、ここ数年のトレンドとなっているのが
PythonでExcelデータを扱う方法です。プログラミング言語Python
では、Excelファイルを操作するための外部ライブラリをインストール
した上で、Excelデータを扱います。でも、Excelそのものを起動し
て操作するわけではないので、高速にExcelデータを処理できます。
Excelデータの処理はPythonで決まり！と言いたいところですが、問
題点はあります。個人のパソコンであれば、Pythonや開発環境（たと
えばVisual Studio Codeなど）のインストールは自由にできますが、
会社や組織で使うパソコンの場合、インストールできるソフトウェアに
制限があることが多いでしょう。だから、Excelにもともと付いてくる
VBAを使っているんだという方も多いようです。

　Windows 11に標準搭載されているPower AutomateはExcel
データを処理するもう一つの選択肢です。Windows10でもダウンロー

ドしてインストールすれば、無償で利用できます。

　本書の目的は、Excelデータの処理においてVBAやPython、Power Automateのどれがいいかといったような、優劣を付けることではありません。言語やツールにこだわらず、Excelデータの処理を自動化する方法を通して、プログラミングの本質に触れていただくことが狙いです。

　このため、PythonやPower AutomateでExcelデータを扱うコツは説明しますが、それぞれの入門的な解説はしません。Pythonの入門は拙書『ビジネススキルとしてのプログラミングが8日で身につく本』を参考にしてください。また、ExcelデータをPythonで操作するコーディングのノウハウは『Excel×Python逆引きコードレシピ126』を参考にしてください。

　データとやりたいことがわかれば、プログラムを作ること自体はサッとできるのがプログラマーです。Excelデータを題材に読者の皆さんにそういう状態になってもらうことが本書の目的です。言い換えれば、データとやりたいことから、どのようなプログラムを作ればいいのかを明確にすることが重要なのです。ぜひ、本書でそんなプログラマーを目指してください。繰り返しになりますが、言語やツールは何でもいいのです。Be a Programmer！

Contents

サンプルファイルのダウンロード

　本書で取り扱うデータやプログラムなどを集めてサンプルファイルをダウンロードするには、まず以下のWebページ

https://nkbp.jp/080250

を開き、「お知らせ・訂正・ダウンロード」にある「サンプルファイルのダウンロード」のリンクをクリックします。開いた先のページで、指示に従い「80250.zip」をダウンロードしてください。

※ ファイルのダウンロードには日経IDおよび日経BOOKプラスへの登録が必要になります（いずれも登録は無料）。

サンプルファイルの使い方

　80250.zip には、以下のサブフォルダーがあります。

❶ flow
　flowフォルダーにはpng形式のフローチャートが入っています。フォトアプリなどでご覧ください。

❷ prg
　prgフォルダーにはPythonのプログラムファイル（拡張子.py）が入っています。prgフォルダーごとCドライブやドキュメントにコピーします。各プログラムファイルはVisual Studio Codeの「フォルダーを開く」機能で、prgフォルダーを指定して利用してください。「フォルダーを開く」機能については、第1章の49ページで説明しています。

❸ Robin
　Power Automate用のダウンロードファイルはRobinコードを収録したテキストファイル（拡張子は.txt）になっています（RobinコードはRPAツールで広く使われているプログラミング言語です）。Robinフォルダーの中にフローの名前のフォルダーがあり、そこにMainフローとサブフローが入っています。テキストファイルなので、メモ帳やご利用のテキストエディタで開くことができます。
　RobinコードはMainフロー、サブフローともにFUNCTIONで始まり、END FUNCTIONで終わります。サンプルファイルとして登録したRobinコードの場合、Mainフローは以下のように記録されています。

```
FUNCTION Main_copy GLOBAL
  (処理を記述したコード)
END FUNCTION
```

　Power Automateで新しいフローを作成すると、Mainフローはすでに作成されています。サンプルのRobinコードをPower Automateで使うためには、まず目的のRobinコードをテキストエディタで開き、処理を記述したコードの部分、つまり最初の行および最終行を除いた部分をすべてコピーします。Power AutomateのMainフローの領域で右クリックし、開いたメニューから「貼り付け」を選ぶと、コードが読み込まれます。
　サブフローの場合は、以下のように記述されています。

```
FUNCTION サブフロー名 GLOBAL
  (処理を記述したコード)
END FUNCTION
```

　本書で紹介したのと同じ名前でサブフローを作成してから、Mainフローと同様にテキストエディタなどを使って処理を記述したコードをコピーし、サブフローに貼り付けてください。
　事前にサブフローを作成しないで貼り付けすることもできます。その場合はフローを切り替えるタブのMainの右横あたりをクリックしたうえで、最初の行（FUNCTION…で始まる行）および最終行（END FUNCTION）も含め、すべてのコードを貼り付けてください。

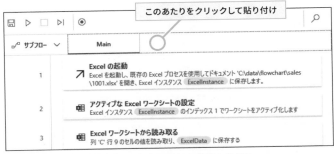

タイトル欄のMainの右横あたりをクリックして貼り付ける

❹ data

dataフォルダーにはサブフォルダーとしてflowchartフォルダーがあり、flowchart
フォルダーのサブフォルダー（exam、salesなど）に各章で紹介したフローやPython
で使うテストデータが入っています。（ただし第5章のsalesList_py.xlsxだけは
flowchartフォルダーにあります）。Power AutomateのフローやPythonのプログラ
ムでは、絶対パス指定でc:\data\flowchart\（各サブフォルダー）のExcelデータを参
照しますので、dataフォルダーごとCドライブの直下に配置すればフローやプログラム
はそのまま動きます。違う場所に配置する場合は、フローやPythonのプログラムで読
み込むファイルの記述を変更してください。

第 1 章

Excel自動化の準備

プログラミング入門書を読んでも、プログラミング講座の動画を見ても、言ってることは理解できるのだけど、いざ自分でプログラムを作ろうとすると、どこから手を付けていいのかわからない。自分はプログラミングに向いていないのだろうかと感じられるケースがあるようです。ひと通りプログラミング言語の文法を学び、では自分でプログラムを作ってみようかというところで、壁にぶつかってしまう。そういう人は少なくないのではないでしょうか。

　プログラムを作成できるかどうかは、実はプログラミング言語の仕様が理解できているかとか、RPAツールの使い方がわかっているかで決まるわけではありません。プログラムを通じてやりたいことは何かを明確にし、それを処理として組み立てられるか、コンピュータにうまく伝えられるかにかかっています。

　いや、やっぱり言語の文法やコーディング、RPAツールの使い方も重要なのではないかと思う人もいるでしょう。でも、プログラミング言語やRPAツールはたくさんあります。自分に合わないと感じたら、ほかのものを選べばいいのです。一つの言語やツールにこだわる必要はありません。

　釣り道具や自転車を買い換えたときに、急にうまくなったように感じたことはありませんか。道具との相性は何をするにもあるでしょう。たとえば、C言語のように本格的なプログラムを書くようになると、コードが記号だらけになる言語もあります。*aとか&bなどといった記述ばかりになると、自分で書いていてプログラムがわかりにくいと感じる人もいます。一方、VBAのように説明調の英単語がいくつも続くと、自分が入力するのも、人が書いたコードを読み解くのもイヤになるという人もいます。

　たとえばVBAで条件分岐を記述するとき「Select case 〜 End Select」のようなコードを書くことがあります。「Select caseの終わりだから、End Selectとなるのは当然。そのほうがわかりやすい」と評価する人がいます。でも、「Selectで始まるのだから、Endと書けば

Selectが終わるのは一目瞭然だから、終わりにもいちいちSelectを書かなくてはならないのは冗長だ」と否定的に見る人もいます。

　そういう点から考えると、Pythonはバランスの取れたプログラミング言語だと言えます。記号だらけにもならず、記述はシンプルで冗長なところはほとんどありません。その理由はインデント（字下げ）が文法であることと、Python言語の開発者の慎重な姿勢にあると思います。一度、pep8を読んでみてください。pep8はPythonでコーディングする際のスタイルガイドですが、開発者のプログラミングについての考え方が感じられます。pep8は

https://pep8-ja.readthedocs.io/ja/latest/

で読むことができます。もとは英語のドキュメントですが、日本語にも翻訳されています。今すぐではないにしても、いずれ目を通しておくといいでしょう。Pythonがどういう姿勢で開発されているかがよくわかります。

▷ やりたいことを要件定義とフローチャートで整理

　コンピュータにやりたいことを伝えるために、本書では要件定義とフローチャートを重視しました。要件定義というと難しい感じがするかもしれませんが、やりたいことを箇条書きにすることと思ってください。ここで気を付けるべきことは粒度です。粒度とは表現の粗さです。よくわかっていることは細かく書けるけど、やったことのないことはわからないので大雑把にしか書けないとか、逆によくわかっていることは自分にとって簡単だからという理由で雑に書いてしまうこともよくあります。コンピュータに処理を指示するためには、粒度を合わせてやる必要があります。

　やるべきことが決まったら、次はどういう順番で、どんな条件で処

理をするかをフローチャートで記述していきます。フローチャートというと古くさい図解方法ではないかと思われるかもしれませんが、実際のプログラムを書く前にどういう順で処理をしていくか考えをまとめるツールとしては現在も有効です。いわゆる「見える化」ツールの一種ということもできます。

　プログラムは「順次」「分岐」「繰り返し」で構成されるという原則が、プログラムにやらせたい処理をフローチャートという図に落とし込んでいく過程で学べます。

　「順次」とは指示した順番に従って処理をしていくことです。「まっすぐ100m進んで、次に左折して50m進む」が順次です。分岐とは「信号が青なら進む。赤なら止まる」です。

　繰り返しが最も重要です。たとえば、Excelのシートやブックに入力されている大量のデータを効率よく処理するのに大事なことは、コンピュータに同じ処理を繰り返させることです。たとえば、シートにあるテストの点数が履修している学生の人数分入力されているとしたら、シートの行を繰り返し処理することで学生全員の点数を個人の成績表に反映させるといった処理ができます。同じような処理を見つけ出し、コンピュータにはそれを繰り返し処理させるようにできれば、プログラミングもプログラムの動作も効率化できます。

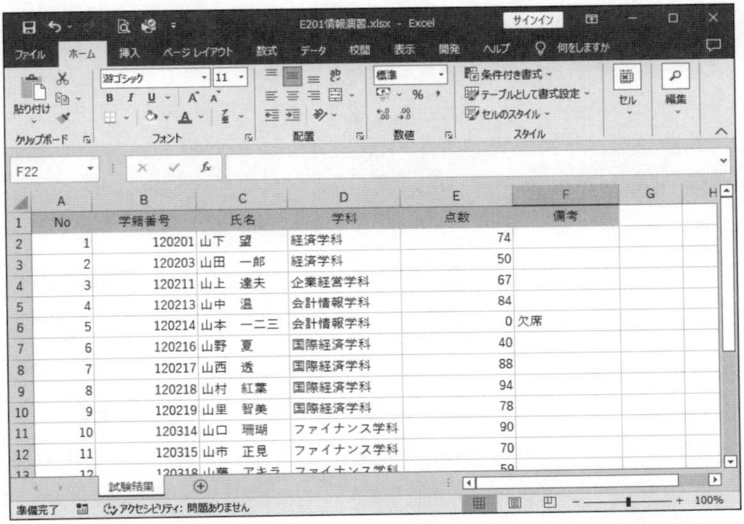

No	学籍番号	氏名	学科	点数	備考
1	120201	山下　望	経済学科	74	
2	120203	山田　一郎	経済学科	50	
3	120211	山上　達夫	企業経営学科	67	
4	120213	山中　温	会計情報学科	84	
5	120214	山本　一二三	会計情報学科	0	欠席
6	120216	山野　夏	国際経済学科	40	
7	120217	山西　透	国際経済学科	88	
8	120218	山村　紅葉	国際経済学科	94	
9	120219	山里　智美	国際経済学科	78	
10	120314	山口　珊瑚	ファイナンス学科	90	
11	120315	山市　正見	ファイナンス学科	70	

図1-1　繰り返し処理の例。シート上に入力されている行を1行ずつ繰り返し処理することで、データ全体を処理できる

これは、ある大学の授業を履修した学生の期末テストの結果を記録した成績表です。この点数をもとに、S、A、B、Cと評価を付けることを考えましょう。全員が100点なら、評価はすべてSになるので分岐は必要ありませんが、実際には人によって点数はバラバラです。90以上ならS、80以上ならA……といったように、点数がいくつかによって与える評価がかわります。そこで、点数を条件に処理を分岐させるのです。これが一人分の成績評価の処理です。全行で同じ成績評価を繰り返せば、全員の評価を決められます。プログラム全体で見れば、繰り返しの中で分岐を使うという構造になります。これで大量のデータが処理できるわけです。そして、どこでどう繰り返すか、どこでどう分岐するかを表現するには、今でもフローチャートが役に立つのです。

▷ ミッションを解決するための3ステップ

　本書では、皆さんの日常的なExcel操作をPower Automateおよびンで自動化する方法をご紹介します。でも、そのために必要
なプログラムは千差万別。誰にでも役に立つプログラムを紹介することはできません。そこで、典型的なExcelを使った業務を6種類用意
しました。それが「ミッション」です。このミッションに対して、どのようなプログラムを作ればいいか考えるプロセスとして、求める機能を要件
定義としてリストアップします。これが第1のステップです。そして、それにはどのような処理をどのような順番で実行すればいいかを明らか
にするため、フローチャートを作ります。これが第2のステップです。

　ここまでプログラムの構想がまとまれば、あとはPower Automate
とPythonでフローやプログラムを実装する段階に入ります。これが
第3のステップです。このように本書では、さまざまなミッションを3
段階で解決していきます。

　お気付きいただけたでしょうか。第2段階まで、つまり要件定義とフ
ローチャートの作成は、第3のステップで何を使って自動化するかとは
ほとんど関係ありません。ミッションをきっかけにフローチャートの作
成までをしっかりできれば、そのあとは何でプログラム化してもいいの
です。逆に言えば、どんな手段で自動化するとしても、フローチャート
の作成まではしっかりやっておく必要があります。それが、本書で要
件定義とフローチャート、いわゆる設計段階を重視する理由です。本
書では第2章から第7章まで、計6種類のミッション（ミッションによっ
ては応用のミッションがあるため、実際の開発事例はもっとあります）
それぞれに、どのように設計するかを解説しました。そのノウハウが
皆さんのミッションを解決するための不可欠です。ぜひ、ご自分のミッ
ションを解決するために、設計のノウハウをお役立てください。

　ただし、詳細なフローチャートを描くには、プログラミング言語や

RPAツールで「できること」を知っておく必要があります。フローチャートを描く過程で、PythonやPower AutomateでExcelデータを処理するコツを説明します。

Power Automateのインストール

それでは、第2章以降のミッションを解決するための準備について説明しましょう。具体的には、Pythonと開発環境であるVisual Studio Code、そしてPower Automateのインストールを進めていきます。Windows11をお使いの方は、Power Automateはすでにインストールされていますので、PythonとVSCodeをインストールしてください。

すでに開発用の環境は用意できているという人も、ひと通り目を通してください。設定やインストール後の環境など、第2章以降の解説のために設定を決めているところがあります。お使いの環境で変更しなければならないところがないかどうか、ご確認することをお勧めします。

ではまず、Windows 10環境にPower Automateをインストールするところから説明します。

▷ Windows10にPower Automateをインストール

Power AutomateはMicrosoftのRPAツールです。RPAはRobotic Process Automation（ロボティック・プロセス・オートメーション）の略です。コンピュータ上のプロセスを自動化してくれるツールです。ここでいうプロセスとは、たとえば「Excelデータを取得して、Webサイトのフォームに入力する」とか、逆に「Webサイトから情報を取得し、Excelのシートに記録する」といった作業です。自動化し

なければマウスとキーボードを使って、ユーザーが手を動かす必要の
ある操作といってもいいでしょう。こういった作業の自動化にPower
Automateは役立ちます。

　パソコン上で動作するPower AutomateをMicrosoft Azure上で
動作するPower Automateと区別するためにデスクトップ版「Power
Automate」や「Power Automate for desktop」と呼んだりしま
す。Power Automate for desktopはWindows10以降で動作し
ます。Windows11ならば導入済みなのでインストール不要ですが、
Windows10ではWebサイトからダウンロードしてインストールする
必要があります。

　まずPower Automateを

https://learn.microsoft.com/ja-jp/power-automate/desktop-
flows/install

からダウンロードします。

図1-2　Power Automateをダウンロードする

このページでダウンロードできるのは、Power Automateのインストーラーです。ページ内のリンクをクリックしてダウンロードしてください。

　ダウンロードしたファイルをダブルクリックすると、「Power Automate パッケージをインストール」という画面が表示されますので、「次へ」をクリックしてください。

図1-3　**Power Automate パッケージをインストール**

　「インストールの詳細」画面では、「[インストール] を選択するとMicrosoftの使用条件に同意したことになります」のチェックボックスをオンにします。するとそれまでは無効になっていた画面右下の「インストール」ボタンが押せるようになります。

図1-4 「インストールの詳細」画面では、使用条件についてのチェックボックスをオンにする

　インストールの途中で「このアプリがデバイスに変更を加えることを許可しますか?」のダイアログが表示されたら、「はい」を選んでインストールを続けてください。

　しばらく待つと「インストール成功」の画面が表示されます。

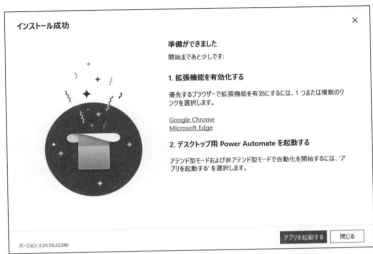

インストール成功   ×

準備ができました

開始まであと少しです:

1. 拡張機能を有効化する

優先するブラウザーで拡張機能を有効にするには、1つまたは複数のリンクを選択します。

Google Chrome
Microsoft Edge

2. デスクトップ用 Power Automate を起動する

アテンド型モードおよび非アテンド型モードで自動化を開始するには、'アプリを起動する' を選択します。

バージョン: 2.25.59.22280   アプリを起動する   閉じる

図1-5　「インストール成功」の画面からPower Automate を起動

　この画面でWebブラウザーの拡張機能を有効にすることができます。本書では第6章でWebブラウザーのEdgeをPower Automateから操作するので、この画面で「MicroSoft Edge」のリンクをクリックして有効化してもいいでしょう。とはいえ、ここで有効化しなくてもブラウザーの自動化に関するアクションを実際に使う場面で、別途拡張機能を有効化することもできます。ここでは、このまま「アプリを起動する」をクリックします。

　Power Automateを起動して「Microsoft Power Automate」にサインインするという画面が表示されたら、Microsoftアカウントのメールアドレスを入力して、サインインしてください。

図1-6　Microsoftアカウントでサインインする

次の画面でパスワードが求められますので、指示に従って入力してください。Microsoftアカウントがない場合は、事前に作成しておく必要があります。

▷ Power Automate の動作を試す

Power Automateでできることは、EdgeやChromeといったブラウザーやExcel、メールの操作、PDF、ZIPファイルの操作など、Windowsを使ううえでの幅広い操作の自動実行です。

Power Automateがどのように動作するのか、基本操作を確認しながら使ってみましょう。Power Automateでプログラムに相当するものがフローです。フローを作成して処理を記述していきます。Power Automateが起動したら、画面左上の「新しいフロー」をクリックし、フロー名を「sample01」のように入力して作成ボタンをクリックします。フロー名には日本語も使えます。

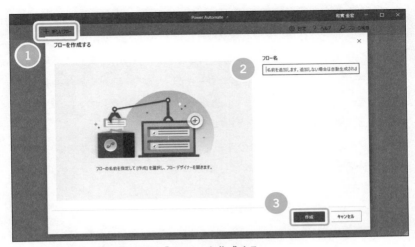

図1-7　Power Automateでは「フロー」を作成する

フローを作成すると、フローの編集画面に切り替わります。

図1-8　フローを作るには「アクション」を Main に配置していく

フローは、さまざまな役割を持つ「アクション」を画面中央の領域に並べることで作成します。アクションは基本的に「Main」フローに配置します。ここにアクションを並べることで、フローで実行する処理を記述することができます。各フローではそれぞれ細かく動作や処理内容を設定することもできます。また、Mainフローだけでなく、サブフローに処理を分割することもできます。

　アクションは、画面左側の「アクション」メニューに並んでいます。処理内容に応じてアクションは分類されています。分類名をクリックすると、そこに分類されたアクションが一覧表示されます。どのようなものがあるのか、「Excel」をクリックして開いてみましょう。

図1-9　アクションペインの
　　　　「Excel」を開いたところ

　アクショングループを開いてみると、詳細なアクションが並んでいます。それぞれの名前を見ているだけでも、何ができるのかイメージできるのではないでしょうか。具体的なアクションの動作を試してみま

しょう。既存のExcelブックを開いてセルの値を表示してみるという処理を、Power Automateのフローとして作ってみます。

　まず、「Excelの起動」アクションをダブルクリックもしくは、Mainフローにドラッグします。すると、「Excelの起動」アクションの編集画面が開きます。ここで「Excelの起動」という項目の設定値として「次のドキュメントを開く」を選びます。

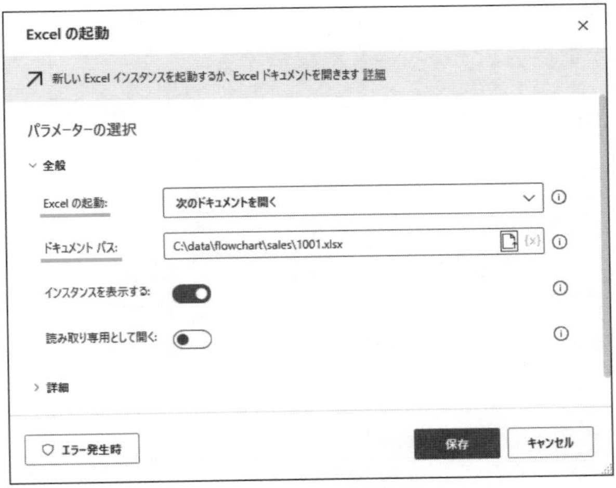

図1-10　「Excelの起動」アクションの編集画面

　この項目では「次のドキュメントを開く」のほかに「空のドキュメントを使用」を選ぶことができます。「次のドキュメントを開く」を選んだ場合は、「ドキュメントパス」を指定します。それにはファイル選択のボタン（ファイルの右下に上矢印が付いたアイコン）をクリックして「ファイルの選択」ダイアログボックスから目的のファイルを選択します。

　「インスタンスを表示する」がオンの状態だと実際に指定したExcelのシートが画面に表示されます。インスタンスとはオブジェクト指向プログラミングでいうところの実体、オブジェクトのことです。こうした用語にはプログラミングで頻出の専門用語が使われています。

「読み取り専用として開く」をオンにすると、読み取り専用で開くこともできますが、ここではオフのままでかまいません。設定を終えたら「保存」をクリックしてMainに配置します。

アクティブなExcelワークシートの設定ではExcelを起動アクションで生成されたExcelインスタンス (%ExcelInstance%) が「Excelインスタンス」に設定されています。このExcelインスタンスを使って、Excelブックを操作できるわけです。

▷ 必ずアクティブなシートを指定する

次に「アクティブなExcelワークシートの設定」アクションを配置します。

図1-11 「アクティブなExcelワークシートの設定」アクションの編集画面

ここでいうシートのアクティブ化とは、開いたブックのどのシートを選択するということです。Excelを直接操作しているときのことを思い出してください。複数のシートがあるExcelブックを編集して保存し、一度閉じてから開き直したら、前回操作していたシートがアクティブに

なりますよね。これはExcelが自動的に前回の保存時に開いていた
シートをアクティブにしてくれるからですが、Power Automateでは必
ず「Excelワークシートの設定」アクションで操作する対象のシートを
選択する必要があります。

　シートのアクティブ化ではインデックスで選択するか名前（シート
名）で選択するかを選ぶことができます。ここではインデックスを使っ
てみましょう。Power Automateではシートのインデックスは1から始
まります。

　次に「Excelワークシートから読み取る」アクションを選択します。

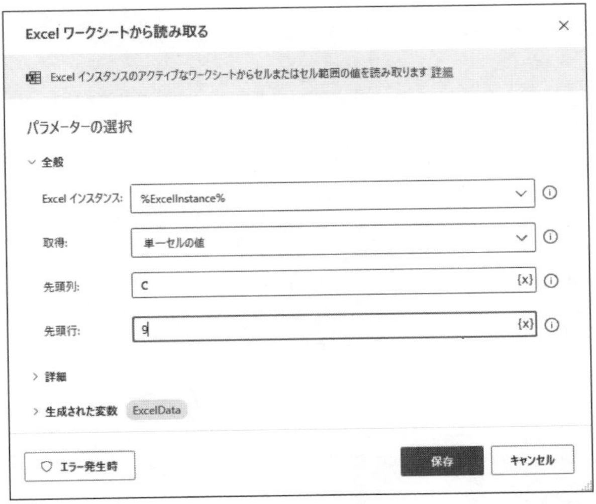

図1-12　「Excelワークシートから読み取る」アクションの編
　　　　集画面

　「取得」で値を取得する範囲を選択します。ここでは「単一セルの
値」を指定します。このほか「セル範囲の値」や「ワークシートに含ま
れる使用可能なすべての値」などを選択できます。

　「先頭列」と「先頭行」でセル番地を指定します。「生成された変数」
を見ると、ExcelDataという変数が生成され、このアクションで読み込

んだ値が入る先であることがわかります。

▷ 変数は前後に％を付けて利用する

今度は、Power Automateで読み取ったセルの値を表示してみましょう。「メッセージボックス」グループから「メッセージを表示」アクションを選びます。

図1-13 「メッセージを表示」アクションの編集画面

まず「メッセージボックスのタイトル」には「C9の値」など、それとわかる文字列を入力します。この表示自体は、セル内容を表示する処理とは直接関係ありません。メッセージボックスのタイトルバーに表示する内容になります。

「表示するデータ」で、テキストボックス右端の{x}をクリックし

ます。するとプルダウンメニューが表示されるので、その中から%ExcelData%を選びます。これは、「Excelワークシートから読み取る」アクションで生成される変数ExcelDataです。

すでにお気づきかもしれませんが、Power Automateで変数を使用するときは変数名の前後に%を付けます。でも、自分で付ける必要はありません。アクションをフローにドラッグ&ドロップで配置した時点で変数名の前後には%が付いています。生成された変数を他のアクションで使うような場合には、前後に%が付けて利用すると考えてください。

これで、次のようなフローがMainにできたはずです。

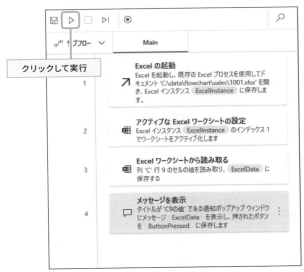

図1-14　**Main**にフローができたので実行する

そうしたら、ツールバーの「実行」ボタンをクリックして、フローを実行してみましょう。

図1-15　メッセージボックスにセルC9の値が表示された

　すると、フローが実行されてExcelブックが開かれ、最初のシートが
アクティブになり、セルC9の値（「ドレスシャッツS」）がメッセージボッ
クスに表示されました。

　Power Automateでは、このようにしてアクションを設定してフロー
を作成していきます。作成したフローはパソコン内のフォルダーではな
く、OneDriveに保存されます。これでPower Automateの準備は完
了です。

Pythonをインストール

　次はプログラミング言語Pythonをインストールしましょう。

https://www.python.org

にアクセスし、Downloadsボタンにマウスポインターを合わせま
す。すると、自分の使っているOSに合った安定版で最新版のダウン
ロードボタンが表示されます。Windows パソコンでアクセスすれば

Windows用のPythonが、MacでアクセスすればMac用のPython
がダウンロードできるわけです。本書ではWindows用の最新版[*1]を
ダウンロードします。

図1-16　python.orgからPythonをダウンロードする

　ダウンロードしたファイルをダブルクリックするとインストールが始
まります。

＊1　本書の執筆時点では3.11.0でしたが、本文の手順通りにダウンロードすれば、その時点での最新
　　版を入手できます。

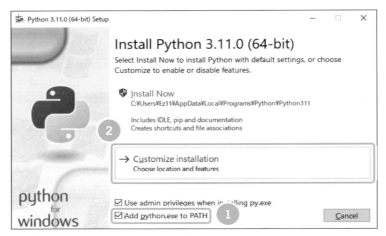

図1-17　**Pythonのインストール画面**

　インストールの最初の画面ではAdd Python 3.x to PATHに
チェックを入れます。そうするとPath環境変数に追加されるので、
どのディレクトリ（フォルダー）を開いているときでも、Pythonを起
動できるようになります。本書ではほとんど後述するVisual Code
Studioでプログラムを実行するので、この設定が必須になります。

　チェックを入れたらInstall Nowではなく、Customize Installation
を選び、詳細な設定画面を呼び出します。

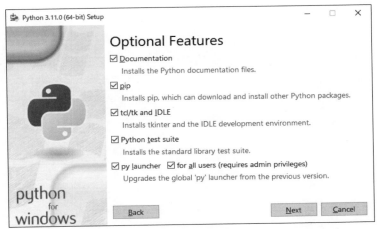

図 1-18　Optinal Features ではすべてのチェックボックスをオンに

Optinal Features の画面では、すべてのチェックボックスにチェックが入っていることを確認して、Next をクリックします。

画面は Advanced Options に進みます。

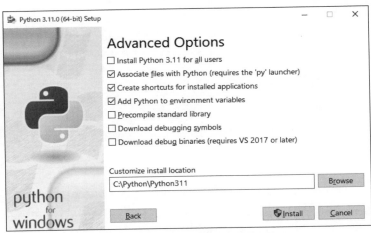

図 1-19　Advanced Options ではインストール先を変更する

この画面では「Associate files…」、「Createshortcuts…」、「Add Python to environment variables」の3カ所にチェックが付けます。その上で、Customize install locationのインストール先ディレクトリを変更します。初期設定のままでは深い階層にインストールされてしまい、環境によってはPythonを起動するのに制限がかかってしまいます。そこで、もっと単純なディレクトリに変更します。ここでは「C:\Python\Python311」として、階層を浅くしました。画面上のバックスラッシュ「\」は「￥」のことです。

　必要な項目をすべて変更したら、Installボタンをクリックしてインストールを進めましょう。Setup was successfulと表示されたら、インストールは完了です。

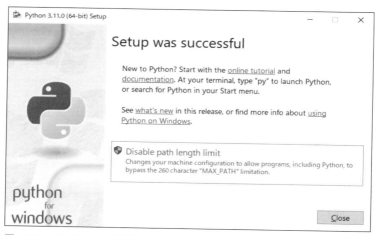

図1-20　**インストールが完了した**

　この画面の下のほうに、「Disable path length limit」というメッセージが表示されています。ここをクリックすると、OSに設定されているパスの長さの制限（MAX_PATH）を解除できます。今回はインストール先を単純なパス名に変更したので、パスの長さの制限を変更する必

要はありません。Closeボタンをクリックしてインストールを終わりましょう。

Visual Studio Code をインストール

Python本体だけでプログラミングするのは少々骨が折れます。ぜひ「開発環境」と呼ばれるプログラミング用ツールを導入しましょう。お薦めするのはVisual Studio Code（以下VS Code）です。

VS Codeを導入するには、まず

https://code.visualstudio.com/

からインストール用プログラムをダウンロードします。

図1-21　Visual Studio CodeのWebサイト

Python同様にサイト側で自動的にOSを判別し、Windows パソコ

ンでこのサイトを開くと「Download for Windows」ボタンが表示されます。これをクリックして実行形式のファイルをダウンロードします。このボタンに表示されているStable Buildは「安定版」という意味です。

　ダウンロードしたファイルをダブルクリックすると、インストールが始まります。VS Codeのインストールでは、ほとんど設定を変更するところはありません。インストール先の指定画面でも、初期設定のままインストールを進めてください。

　「追加タスクの選択」では「PATHへの追加」にチェックが付いていることを確認します。基本的には初期状態でチェックがオンになっているはずです。そのまま「次へ」ボタンをクリックして次の画面に進め、インストールを完了させましょう。

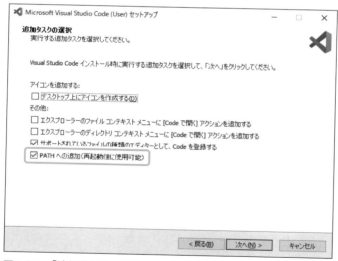

図1-22 「追加タスクの選択」では「PATHへの追加」がオンになっていることを確認

　「セットアップウィザードの完了」画面が表示されたら、「Visual Studio Codeを実行する」にチェックが付いている状態で「完了」ボタ

ンをクリックします。

図1-23 インストールが完了したところ

そうすると、VS Codeが起動します。

▷ 表示言語を日本語に切り替える

VS Codeはインストールしただけでは準備は終わりません。
Pythonでプログラミングするためには、拡張機能（エクステンション）
が必要です。まずは、VS Codeを日本語化する拡張機能（Japanese
Language Pack for Visual Studio Code）を入れていきましょう。

図1-24　VS Codeが起動したところ。初期状態では英語表記になっている

　　インストール直後は、このようにVS Codeはすべて英語です。画面
左端に並んでいるメニューの上から5番目にあるExtensionsアイコン
をクリックします。すると拡張機能を検索するためのボックス「Search
Extensions in Marketplace」が表示されるので、「Japanese」で検
索します。

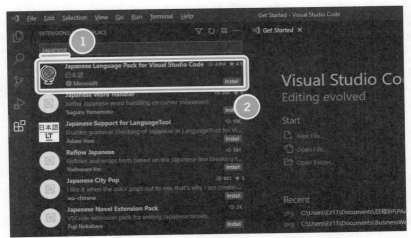

図1-25 　Japaneseで検索して一番上に表示された Japanese Language for Visual Studio Codeをクリック

　　左側のペインにJapaneseで始まる拡張機能が一覧表示されるので、一番上の拡張機能をインストールします。開発者がMicrosoftなのが、目的の拡張機能です。ウィンドウの大きさによっては、右側のペインでMicrosoftのJapanese Language Pack for Visual Studio Codeであることを確認し、installをクリックします。

　　ただし、これだけでは日本語化されません。VS Code を再起動する必要があるので、画面右下に表示された「Restart」ボタンをクリックします。

図1-26　インストール後に画面右下に「Restart」ボタンをクリック

VS Codeが再起動し、日本語化されました。

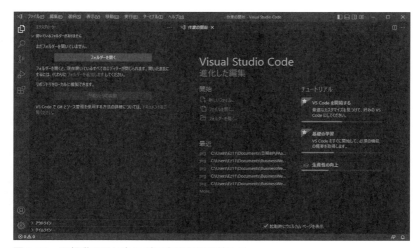

図1-27　再起動すると表示が日本語に切り替わる

この機能なのですが、何かの拍子にまた英語に戻ってしまうときが

あります。そんなときは、Ctrl＋Shift＋Pを押してコマンドパレットを
表示させます。

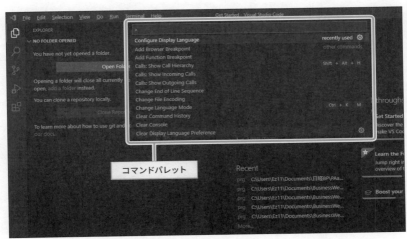

図 1-28　英語表示に戻ってしまったら、コマンドパレットをから Configure Display Language を開く

　ここでconfigと入力し、利用できるコマンドを絞り込むとConfigure
Display Languageが見つかります。これをクリックすると、表示する
言語が一覧表示されます。ここでjaを選び、VS Codeを再起動します。

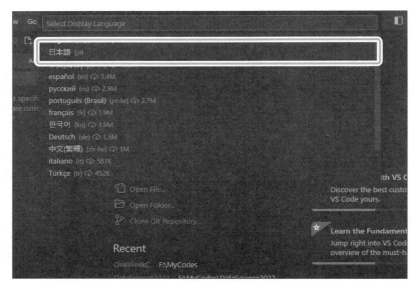

図1-29 Configure Display Languageでjaを選び直す

▷ Python Extensionをインストール

　続いて、Python拡張機能 (Python Extension for Visual Studio Code) をインストールします。Python Extension for Visual Studio Code をインストールすると、デバッグサポート機能やPythonコードの実行機能が利用できます。

　日本語表示のときと同様、拡張機能の中から「Python」で検索します。

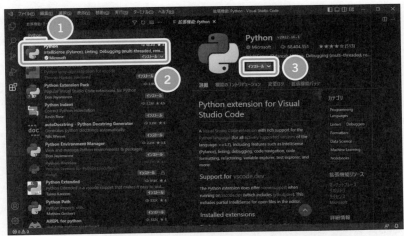

図1-30 Pythonで検索して一番上に表示されたPythonの機能拡張をインストールする

開発元として「Microsoft」が表示されているPython Extension for Visual Studio Codeをインストールします。これで、VS Codeの準備もできました。動作を確認しがてら、簡単なプログラミングをしてみましょう。

▷ VS CodeでPythonのプログラムを作る手順

VS CodeでPythonのプログラムを作るときは、あらかじめエクスプローラーなどでプログラムを保存するためのフォルダーを作成しておくことをお薦めします。そのうえで、VS Codeでは「ファイル」メニューから「フォルダーを開く」で、作成したフォルダーを開きます。

図1-31　「ファイル」メニューから「フォルダーを開く」を選び、プログラムファイルを保存するフォルダーを指定する

　この手順で「フォルダーを開く」を実行しないと、特に外部ファイルを操作するような処理を含むプログラムの場合、うまく動作しないことがあります。本書ではこの手順を踏まなくてもプログラムが動作するようにしていますが、VS Codeではまず「フォルダーを開く」ことを習慣にして、この操作を忘れないようにしてください。

　新規にプログラムを作成するには、開いたフォルダーの右側にある、新しいファイルアイコンをクリックします。するとフォルダーの配下にテキストボックスが表示されるので、ここにプログラム名を入力します。

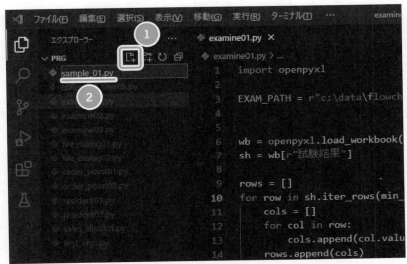

図1-32　新規のファイルを作成し、拡張子が.pyのファイル名を付ける

　このときプログラム名にはPythonプログラムであることを示す拡張子.pyも含めて入力します。ここではsample_01.pyと入力しました。

　ここでは動作を確認するプログラムとして、forループでrangeが返す回数だけ、iの値をprint出力するプログラムを作成することにしましょう。rangeは引数を5のように一つだけ指定すると、0 <= i < 5の範囲で、0から始め、5より小さい値（整数）を順にiに返します。

コード1-1　動作確認用のプログラム sample01.py

```
for i in range(5):
    print(i)
```

Pythonの特徴を説明したところで触れたように、Pythonではインデントが文法です。2行目のprint関数がforループの中の処理であることをインデント（1段階）で示すわけですが、VS Codeはデフォルトの設定でTabキーを1回押すと、スペースが4個入り、これでインデントを表します。自分でスペースを4個入力してもいいのですが、Tabキーでインデントを操作するほうが入力ミスを防げます。TABキーでの操作をお勧めします。

　作成したプログラムを実行するには、「実行」メニューから「デバッグの開始」もしくは「デバッグなしで実行」を選んでください。ターミナルに実行結果が出力されていますね。「デバッグの開始」を選んだ場合はデバッグ構成を選択するよう指示されます。そのときはPythonを選んでください。

　プログラムを実行すると、その結果が画面右側下部のターミナルに表示されます。1文字ずつ0から4まで表示されれば、Python、VS Codeともに正しく動作していることがわかります。

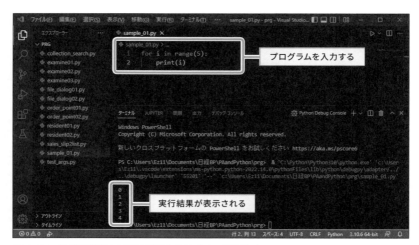

図1-33　**動作確認用のプログラムを入力し、実行した**

▷ Draw.io.Integrationをインストールする

前述の通り、本書ではフローチャートを重視しています。まず要件を定義し、それをもとにフローチャートを描く。それから、そのフローチャートに従ってPower AutomateのフローやPythonのプログラムを作成していきます。そこで、フローチャートの作成に便利なツールも紹介しましょう。ここでは、VS Codeの拡張機能として使えるDraw.io.Integrationをお薦めします。

VS Codeの拡張機能でDraw.ioで検索してインストールします。Draw.io.Integrationが表示されたらインストールボタンをクリックします。

図1-34　Draw.ioで拡張機能を検索し、インストールする

Draw.ioの使い方はあとでくわしく説明します。VS Codeの環境整備の一環として、ここでインストールしておいてください。

Excelデータを取り扱う環境を準備

まだもう少し準備が必要です。本書ではビジネスの効率化を目的に
しているため、Excelデータをプログラムで扱います。Pythonでは標
準ではExcelデータを扱えません。ライブラリと呼ばれる追加プログ
ラムをインストールすることにより、かなりの機能をPythonで実現す
ることができます。

Excel用のライブラリはいくつかありますが、本書ではopenpyxlを
使います。Excelのファイルを扱うライブラリは他にもいろいろあります
が、Excelブック（.xlsxのファイル）の読み書きにもっとも適したライブ
ラリはopenpyxlライブラリです。

▷ openpyxlライブラリのインストール

Pythonでopenpyxlのような外部ライブラリを使うにはpipコマ
ンドを使ってインストールしてやる必要があります。pipコマンドは
Python用ライブラリのインストール専用に用意されたコマンドです。
VS Codeのターミナルに、

```
pip install openpyxl
```

と入力してEnterキーを押します。

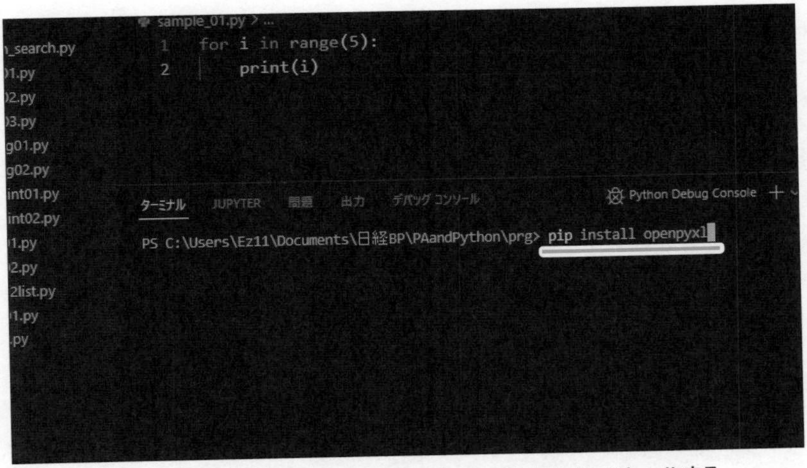

図1-35　ターミナルでpipコマンドを入力し、openpyxlをインストールする

　次の表のようにpipコマンドには、インストールされているライブラリ
をアップデートしたり、削除する機能やインストールされているライブラ
リの一覧を出力するような機能もあります。必要に応じて、使いながら
覚えて行けば良いと思います。

表1-1　pipコマンドの主な使い方

コマンド	意味
pip install ライブラリ名	ライブラリのインストール
pip install --upgrade ライブラリ名	ライブラリのアップグレード
pip uninstall ライブラリ名	ライブラリのアンインストール
pip list	インストールされているライブラリ一覧
pip list --outdated	最新でないライブラリの一覧

▷ セルの値を読むプログラムで動作を確認

試しにopenpyxlライブラリを使うプログラムを作成してみましょう。先ほどPower Automteで作成したフローと同じ処理をするプログラムです。まずはどのようなプログラムなのか見てください。

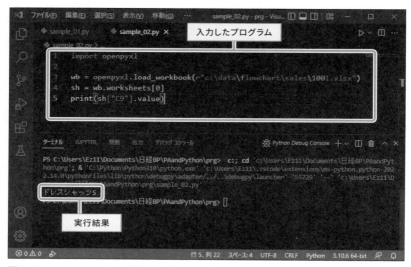

図1-36　openpyxlライブラリを使うプログラム

ライブラリはインポートして使います。1行目に

```
import openpyxl
```

と書くことでopenpyxlライブラリをインポートしています。インポートの方法にはバリエーションがあります。これ以外のコーディングについては、第2章以降、具体的なコードが出てきたところで説明します。

3行目のload_workbook関数は既存のExcelブックを開くのに使

います。引数には

```
c:\data\flowchart\sales\1001.xlsx
```

のようにドライブ名からファイル名までのフルパスを指定します。実際の引数では

```
r"c:\data\flowchart\sales\1001.xlsx"
```

のように、rを先頭に記述し、シングルクォーテーションもしくはダブルクォーテーションでファイルのフルパスを囲みます。このrは、これに続く文字列がraw文字列の指定であることをプログラムに指示するために記述します。これは、Windowsのフルパス表示をそのまま記述するとプログラムが誤動作する可能性があるためです。Windowsのパス表記には\記号が含まれています。この記号は特殊な文字を表すエスケープシーケンス*2。を示す記号でもあります。このためディレクトリ名やファイル名の文字との組み合わせ次第では、プログラムはフルパスではなくエスケープシーケンスと解釈し、意図しない動作をする可能性があります。そこで、パスを示す文字列のときはraw文字列であると明示的に示すことで、誤動作を防ぐことができます。、raw文字列を訳すと「生の文字列」といった感じなりますが、ここでは「そのまま受け取ってほしい文字列」くらいの意味と考えてください。

　3行目のコードで変数wbでブックが参照できるようになるので、4行目では

```
sh = wb.worksheets[0]
```

---

*2　エスケープシーケンスとは、特殊な機能を持つ文字で\記号＋1文字で記述されます。\n（復帰改行）、\0（Null）、\t（タブ）などが代表的なエスケープシーケンスです。

としてインデックスでシートを選択します。すると、変数 sh でシートを操作できるようになるので

```
sh["C9"].value
```

で「ドレスシャッツ S」という文字列を取得できます（5行目）。このように取得した値を print 関数の引数にして出力した結果がターミナルに表示されています。

　あらためて、このテスト用のプログラム全体を紹介しておきましょう。これを入力して動作を確かめてみてください。

コード1-2　openpyxlの動作確認用プログラム sample02.oy

```
01   import openpyxl
02
03   wb = openpyxl.load_workbook(r"c:\data\flowchart\
                                        sales\1001.xlsx")
04   sh = wb.worksheets[0]
05   print(sh["C9"].value)
```

　ここではプログラムの概略しか説明しません。3行目以降のコードの詳細は、第2章以降でじっくり解説します。ここではコードの理解よりも、プログラムから Excel データが読めているかどうか動作確認することを優先してください。

draw.ioでフローチャートを作成する

VS Code上でdraw.ioでフローチャートを描くには、Pythonのプログラムを作成するときと同様にまずフローチャートを作るフォルダーを選択し、新しいファイルを作成します。

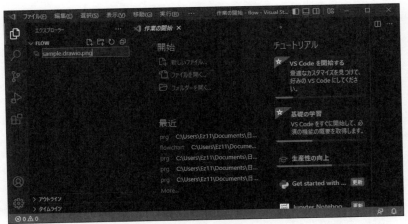

図1-37　新しいファイルを作成し、sample.drawio.pngとファイル名を入力した

VS Code上でDraw.ioが使用できる拡張子には.drawio、.dio、.drawio.svg、.drawio.pngなどがありますが、.drawio.pngを指定すればグラフィックスソフトなどでも表示できるので、.drawio.pngを拡張子として使うのがお薦めです。

新しいファイルを作成すると、画面がフローチャート作成用に切り替わり、方眼紙が表示されます。この方眼紙にフローチャートを描いていきます。方眼紙領域の左側には「一般」、「その他」、「高度な設定」といった項目が並んでおり、各項目を開くと、フローチャートの部品が並んでいます。ここから部品を選んで方眼紙に貼り付けていきます。

▷ 部品を方眼紙に配置してフローチャートに

フローチャートを描くには「一般」に分類される部品と「フローチャート」に分類される部品で、ほとんどのことはできると考えていいでしょう*3。

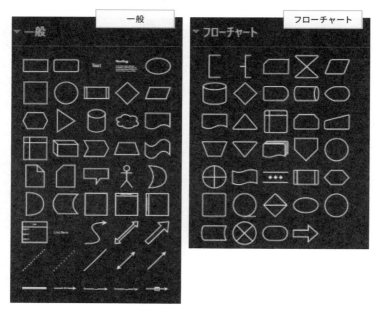

図1-38 「一般」の部品と「フローチャート」の部品

フローチャートを描くには、まず使いたい部品をクリックするか、方眼紙にドラッグします。この部品に文字を入力したいときは、部品をダブルクリックすると文字入力のモードになります。たとえば、角の丸い四角に「開始」と表示させたいときは、まず「一般」に分類された

---

*3　「フローチャート」が表示されていない場合は、部品ペインの下部にある「その他の図形」をクリックし、開いた設定画面で「フローチャート」のチェックボックスをオンにします

Rounded Rectangle[*4]を方眼紙に配置してから、これをダブルク
リックし、文字入力が可能になったら「開始」と入力します。

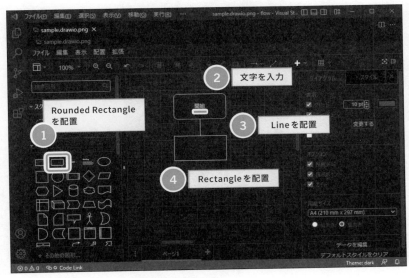

図1-39　フローチャートを描き始めたところ

　フローチャート上の各部品は線で結びます。「一般」から部品の
Lineを配置することで線を引くこともできますし、部品の外枠から次
の部品に向けてドラッグすることもできます。ドラッグ操作の場合、部
品の外枠にマウスポインターを合わせると、緑色の円が表示されます。
これをドラッグすることで線を引き出すことができます。部品から線を
出した場合、デフォルトで終端に矢印が表示されますが、フローチャー
トでは矢印を使わない場合が多いので、右側のペインのスタイルタブ
で「線の終点」の「→」を「なし」に変更してください。

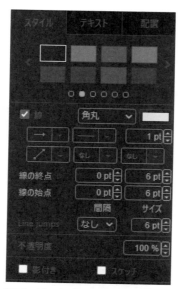

図1-40 「スタイル」タブで部品のスタイルを設定する。
Lineの場合は「→」を「なし」にすることでシ
ンプルな線になる

　フローチャートを作成するにあたってまず覚えてほしい部品は次の
6種類です。

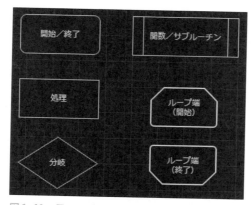

図1-41　フローチャートの作成でよく使う部品

角丸の長方形（Rounded Rectangle）でプログラムやサブルーチンの開始や終了、あるいは単体の処理を表します。長方形の中に具体的な処理を書きます。たとえば、「インデックスに1を足す」とか「ブックを開く」です。

長方形の両サイドに線が入った図形（Process）は関数やサブルーチンを表します。フローチャートの中で関数やサブルーチンを呼び出したいときに使います。関数やサブルーチンはメインルーチンとは別に作成しておくプログラムです。

ひし形（Diamond）は分岐です。テストの点数が60点以上ならこっち、そうでなければあっちと枝分かれさせるようなときに使用します。

繰り返しを表現するには、ループ端を使います。開始用のループ端（Loop Limit）と終了用のループ端（Loop Limitを180度回転させる）の間の処理を繰り返すのです。

フローチャートは試行錯誤しながら作ることが多いため、こうしたツールを使えば効率的にかつ見やすいフローチャートを作ることができます。第2章以降でも各ミッションに対応した紹介しています。それぞれのフローチャートのベースはdraw.ioで作成しました。ぜひフローチャートを作る際には活用してください。

> > > > > > > > > >

これで、第2章以降の作業をする準備ができました。さまざまなミッションに対して、どのように要件を定義し、どのようなフローチャートを作り、Power AutomateやPythonでどのやって自動化するのか、じっくり見ていきましょう。

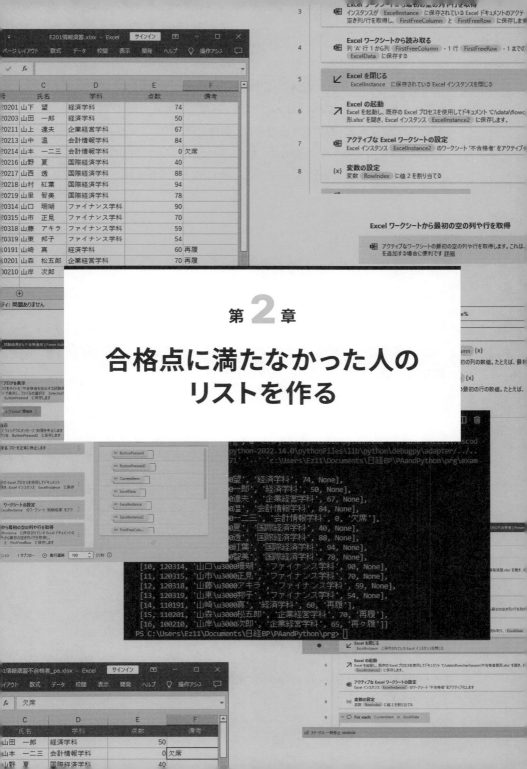

第 **2** 章

合格点に満たなかった人の
リストを作る

本章からは、皆さんがRPAに関する相談をされたという想定で、与えられた課題すなわちミッションに答えを出していく形式で進めていきます。このミッションを解決するために、要件を整理し、フローチャートを作ります。そのうえで、Power AutomateおよびPythonで実際に自動化していきましょう。ではまずミッションを見てください。

ミッション
1

MISSION: ONE

ここはとある大学です。ある授業科目の試験結果を記録したExcel文書から、基準の点数に満たない不合格者の一覧を作成しなさい。

要件定義

　最初のミッションは、大学が舞台のデータ処理です。大学の事務局の職員になったつもりでチャレンジしていきましょう。

　まず、要件定義が必要です。大まかな要件を書き出すと以下のようになります。

・試験の結果はExcelのブック（　拡張子がxlsxのファイル）に保存されている

- 試験科目ごとにExcelのブックを作るので、一つのブックに記録されたシートはその科目の試験結果用の1枚だけ
- 点数が60点未満の学生が不合格者となる
- 科目によって履修者数は異なり、試験を受けた人数は事前にはわからない
- 学生が欠席した（試験を受けなかった）場合は、点数には0が入力されている
- 「不合格者ひな形」というブックがあり、このブック内のシートをもとに不合格者一覧を書き出す
- 試験の結果のExcelブックはc:¥data¥flowchart¥examにある

　「60点未満の学生は不合格」だということは大学の職員なら常識でしょうが、コンピューターのプログラムを作るときは、人間同士なら当たり前と思えることや「普通はこうするでしょ」で判断できるため、あうんの呼吸で伝わることでも、もれなく明確に洗い出さなければなりません。これから作るプログラムには常識や前提条件はないからです。プログラマーは人間とコンピューターのトランレーター（翻訳者）になる必要があるのです。

　コンピューターにやってもらいたいことをリストアップできたので、次に現状について調査します。これにより、要件を固め、正確に定義していきましょう。

　そのためにはまずc:¥data¥flowchart¥examにある試験結果のExcelブックをみておきたいところです。

図2-1　ミッションの対象データであるE201情報演習.xlsx

　c:¥data¥flowchart¥examを見ると、「E201情報演習.xlsx」とい
うExcelブックがありました。このブックには「試験結果」というシー
トが1枚存在し、備考に「欠席」と入力されている学生の点数に0と入
力されていることも確認できました。各列は、No、学籍番号、氏名、学
科、点数、備考という並びであることもわかりました。
　続いて、「不合格者ひな形」ブックも確認します。

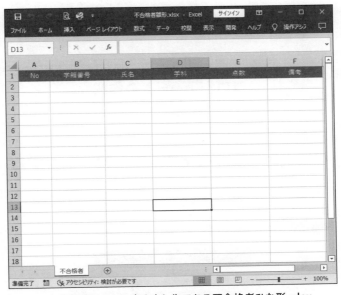

図2-2　**不合格者リストの書き出し先である不合格者ひな形.xlsx**

　このブックには1枚のシート「不合格者」があり、項目はE201情報演習.xlsxのシート「試験結果」と同じであることがわかりました。

　これでやるべきことがおおよそわかってきました。

- E201情報演習.xlsxを開く
- シート「結果」に入力されている試験結果の一覧から、点数が60点未満の行を読み込む
- 読み取った各項目を不合格者ひな形.xlsxのシート「不合格者」にコピーする
- 不合格者ひな形.xlsxに別名を付けて保存する

　最後の手順のところ、別名で保存するのは、不合格者ひな形.xlsxはひな形のためです。このブックはひな形のまま残しておかなくてはな

らないので上書き保存してはいけません。

フローチャートの作成

　要件定義をもとに、この手順をフローチャートにしてみました。ど
のようにコンピューター用に手順をまとめていっているのかを、このフ
ローチャートをもとにじっくり見てみましょう。

図2-3　不合格者一覧リストを作るフローチャート（前半）

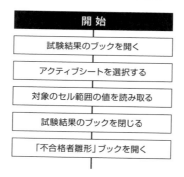

開　始
試験結果のブックを開く
アクティブシートを選択する
対象のセル範囲の値を読み取る
試験結果のブックを閉じる
「不合格者雛形」ブックを開く

　これは、フローチャートの前半部分です。プログラム開始の直後は、
試験結果のブックを開く処理です。続いてアクティブシートの選択で
す。ここまではExcelを手作業で操作している場合と同じ操作なので、
なじみのある感じがしますね。
　次にセル範囲の値の読み取りをして、試験結果のブックを閉じてい
ます。ここには、作業フローやプログラムに落とし込むときに注意しな
ければならないポイントがいくつかあります。
　まずは、ツールによって振る舞いが異なる点です。Power
Automateには指定したセル範囲の値を一度に読み取って、メモリー

上の変数に記憶するアクションがあります。このフローチャートは Power Automateをベースにまとめているので、このような書き方をしています。一方、Pythonではセル範囲の値をまとめて読み込むことはできません。その点で、もっと細かく処理を分けてフローチャートを作るときには、フローの書き方が変わります。でも、この違いは大きな問題ではありません。Pythonではより処理をかみ砕いて、1行ずつ読み込むようにすれば良いからです。

▷ 読み出しと書き込みの手順で2通りの方法

ここで問題としているのはデータの読み取りと、必要なデータの書き出しをどのような順で進めていくか、です。これにはいろいろな方法があります。まず候補となるのが、あらかじめ読み込み元（入力側）のブックからシート「試験結果」の全データをメモリー上の変数に読み取ってから、書き出し先（出力側）のブック（不合格者ひな形.xlsx）を開いて60点未満の学生データを記入して行く方法です。

図2-4　全データを読み取ってから、必要なデータを書き出す手順

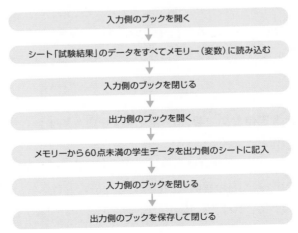

入力側のブックを開く

↓

シート「試験結果」のデータをすべてメモリー（変数）に読み込む

↓

入力側のブックを閉じる

↓

出力側のブックを開く

↓

メモリーから60点未満の学生データを出力側のシートに記入

↓

入力側のブックを閉じる

↓

出力側のブックを保存して閉じる

これが第1の方法です。

　第2の方法として有力なのが、読み込み元（入力側）、書き出し先（出力側）両方のブックをあらかじめ開いておき、60点未満の学生データを見つけたらそのつど出力側シートに転記していく方法です。

図 2-5　両方のブックを開いておき、対象のデータを転記していく方法

　プログラミングにおいて、解法（アルゴリズム）は常に複数あります。逆に言えば、必ずこうしておけば良いという決定的な答えはありません。アルゴリズムが違えば、当然フローチャートは違うものになります。

最大数百件なので最初に全データを読み出す方式に

　今回のミッションは、試験結果から不合格者をリストアップするという処理です。各科目の履修者の数はだいたい数十名だと予想できます。ちゃんと調べれば、どの程度の範囲か、具体的に把握することもできるでしょう。どの科目もほどほどの人数になることが予想できるので

あれば、一度にメモリー上の変数に試験結果を読み込んでしまう方法が正しいと思います。でも、これが大学の定期試験ではなく、公的な資格試験のように受験者の数が1万件を超えるような規模になる可能性があるとしたら……。

そうすると全データをメモリーにまとめて読み込むわけにはいきませんね。第2の方法が安全でしょう。また、各方法の折衷案として、100件単位のブロックでメモリーに読み込み転写するとか、シート「試験結果」を事前に複数のシートに分割した上で対象のデータを抽出する（資格試験なら合格者を抽出ですね）というように、処理を複数の段階に分けて実行する方法も考えられます。

実はこのように、どのように処理をするか、プログラムの全体像を考えることがプログラミングの最も重要で、最も大変で、最もおもしろいところなのです。実際にキーボードをたたいてコードを入力しているときには、すでにどのように処理するか、全体像がイメージできたうえで、具体的なコードに落とし込むという作業をしている段階といえます。プログラミング全体で考えれば、終わりに近づいている段階です。

話を元に戻しましょう。今回のミッションであれば、通常の科目なら数十人、大教室を使った受講生が多い授業でも100〜200人程度というところ。多めに見積もっても数百と見込んでおけば十分でしょう。そこで、今回のプログラムでは方法1をベースにフローチャートを作ることにしました。

▷ 60点未満を全データから見つけるループと条件分岐

続けてフローチャートの後半部分を見ていきましょう。

図2-6　**不合格者ひな形ブックを開く処理からのフローチャート**

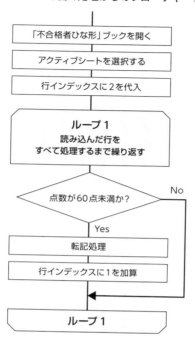

　図2-3では、この図の先頭の「不合格者ひな形ブックを開く」までを
フローチャートにしていました。この次のプロセスからがプログラムの
最も重要な機能になっており、フローチャートにも重要な部品が登場
しています。

　まずループがあります。シート「試験結果」から読み込んだ学生全
員の点数を評価するためのループです。

　次に分岐があります。点数が60点未満なら、不合格者ひな形ブッ
クの不合格者シートに学籍番号や氏名、学科、点数、備考を入力しま
す。これが転記処理です。データを転記する際にはシート「不合格者」
の何行目に入力するかを指定するために行インデックスが必要です。
このように全員の点数を評価したら、ループを抜けます。

フローチャートの最後の部分を見ておきましょう。

図2-7 ループの終了から最後までのフローチャート

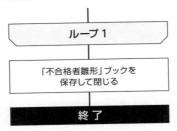

といっても、転記先の「不合格者ひな形」ブックに別名を付けて保存し、ブックを閉じるだけです。これでプログラムは終了となります。

フローチャートが完成したら、Power AutomateとPythonでそれぞれどう自動化の処理を作るのか。まずはPower Automateからご説明します。

Power Automateでフロー作成

Power Automateの場合、このフローチャートにしたがって適切なフローを並べていくのが基本です。このため、一つひとつフローを並べていく作業を追うよりも、全体を先に眺めてみましょう。

次の図が、今回のミッションを解決するための「Excel転記_試験結果から不合格者」フローを作成したときのPower Automateの画面です。Power Automateでは、左側のペインからアクションを選択し、Mainにアクションを順に配置してフローを作成していくことは第1章で説明した通りです。

図 2-8　Power Automateで「Excel転記_試験結果から不合格者」フローを作成し
たところ

　ウィンドウ下部の中ほどを見てください。「20アクション、1サブフ
ロー」とあります。この「1サブフロー」はMainフローのことなので、
Mainフローに20のアクションがあることを示しています。フロー
チャートにまとめた「試験結果から不合格者を別シートに転記する処
理」は、Power Automateなら20のアクションで作成できるというこ
とです。このアクションの数はPythonでいえばプログラムの行数に該
当します。

　右側のペインには変数が表示されています。変数とはメモリー上に
何かを値を記憶するための仕組みです。記憶した値を後から使える
ように名前（変数名）を付けて記憶します。ここで、どのような変数を
使っているかを参照できます。

　この中で「フロー変数」はプログラミング言語では一般に「グローバ
ル変数」と呼ばれる変数です。グローバル変数とはプログラムのどこ
からでも参照できて、値を変更できる変数です。

ウィンドウ上のツールバーに並んでいるアイコンのうち、左から2番目にある右向きの三角ボタンでフローを実行できることは第1章で説明しました。このとき、フローの実行中に右側のペインにはフロー変数それぞれの値が表示されます。実行中に各変数の値がどのように変化していくか、その様子が見えるのです。

Power Automateにはデバッグ機能もあります。デバッグ機能とはプログラム中のバグ[*1]を取り除く作業を支援する機能です。5アクション目の左に赤丸が付いていますが、これはブレークポイントです。ブレークポイントはフロー中のどこにでも設定することができます。フローを実行するとブレークポイントで止まりますから、そこで変数の値を確認して、意図通りに処理が作成できているかを確かめられるのです。

▷ 全部で20アクションのフローに

フロー作成に役立つ機能をチェックしたところで、フロー全体を最初から順に見ていきましょう。まずはフローの全体を見てください。

---

*1　直訳すると虫。プログラミングでは問題点のことを指します

図2-9 読み込む処理と書き込み先の準備をするところまで（7番目の
アクションまで）

図2-10 対象者のリストを書き込む処理（16番目のアクションまで）

図 2-11　**書き込み処理の最後の手順と、フロー全体の終了処理（17番目以降のアクション）**

図2-9の先頭から説明していきましょう。

　フローチャートの「入力側のブックを開く」にあたるのが「Excelの起動」アクションです。ここで「E201情報演習.xlsx」というブックを開いています。次がアクティブシートの選択です。「試験結果」というシート名で明示してアクティブシートを指定しています。

　次のアクションは「Excelワークシートから最初の空の列や行を取得」です。対象のセルにはすでにさまざまなセルに値が入力されていると想定して、シート上で最初に出てくる、値があるセルがまったくない列と行を、変数FirstFreeColumnとFirstFreeRowに取得します。

図2-12 「Excelワークシートから最初空の列や行を取得」ア
クションの編集画面

　ここでは何列目、何行目という数字が変数FirstFreeColumn
とFirstFreeRowに入ります。何のためにFirstFreeColumnと
FirstFreeRowを求めるかというと、値が入力されている範囲を知るた
めです[*2]。

▷ 空白セルが出てくる位置からデータ範囲を割り出す

　ここで取得したFirstFreeColumnとFirstFreeRowは、次の
「Excelワークシートから読み取る」アクションで値を読み取るセル範
囲を指定するために使います。具体的には、読み取りたい範囲の最初
のセルからFirstFreeColumnの1列左側とFirstFreeRowの1行上
までと指定して読み込めば、入力されている試験結果がすべて読み込

＊2　Power Automateの場合、セルに罫線を引いてあるだけといった状態でも空でないと判断してし
　　まうため、シート「試験結果」には罫線をはじめとする書式などを設定していません。

めるわけです。

　セル範囲が取得できたことを踏まえて、「Excelワークシートから読み取る」アクションの設定を見てみましょう。

図2-13 「Excelワークシートから読み取る」アクションの編集画面

　読み込む範囲は、セルA1を先頭にデータが入っている最後のセルまでです。これを設定に落とし込むと、先頭列が「A」、先頭行が「1」になります。この2項目がセルA1を示します。最終列は「FirstFreeColumn − 1」、最終行が「FirstFreeRow − 1」。これで、データが入力されている範囲を読み取ります。読み取った値は変数

ExcelData に入ります[*3]。

▷ フローを実行して読み込めているかを確認

図2-13で「詳細」をクリックして、その内容を確認してみましょう。

図 2-14 「詳細」を開いたところ

「範囲の最初の行に列名が含まれています」のチェックボックスがオンになっています。これで1行目に入力されている項目名を列タイトルとして扱ってくれます。

---

*3 ExcelInstance や ExcelData といった変数名は自動で作成されます。もちろん、変数名ですから自由に変更することができますが、特に理由がなければ Power Automate が生成してくれた変数名のままで良いと思います。

このアクションを実行するとExcelDataの値がどうなるかを確認しておきましょう。それには、5番目のアクションの左にブレークポイント（赤丸）が付いている状態でフローを実行します。

図2-15　実行したフローがブレークポイント（5番目のアクション）で処理が止まったら、Excel Dataをダブルクリック

ブレークポイントで実行が止まったら、フロー変数のExcelDataをダブルクリックします。

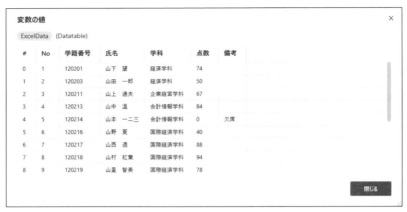

図 2-16　フロー変数の ExcelData をダブルクリックして値を表示したところ

　シート「試験結果」の1行目が列名として扱われていること、表として値を持っていること、0から始まるインデックスが付いていることなどがわかります。

　「変数の値」ウィンドウを閉じたら、もう一度実行ボタンを押して残りの処理を続行するか、ツールバーの停止（□の形）ボタンで動作を終了させることができます。

　次のアクションは「Excelを閉じる」です。試験結果は読み取り終えたので、E201情報演習.xlsxを閉じます。

　続けて、書き込み先のブックを準備します。「Excelの起動」で不合格者雛形.xlsxを開き、アクティブなワークシートの設定をします。

　この次の「変数の設定」アクションについても説明しておきましょう。

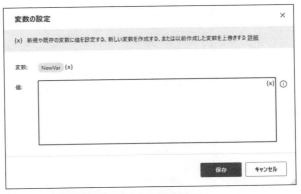

図2-17 「変数の設定」アクションの設定

　「変数の設定」は新たな変数を宣言して、初期値を与えるアクション
です。変数名は初期状態ではNewVarのように自動的に決められま
す。このままではどういう変数かわからないので、この段階で意味の
ある名前に変えることをお薦めします。

　ここではシート「不合格者」に60点未満の学生のデータを書き出す
行インデックスとして使いたいので、変数名をRowIndexに変更して、
初期値に2を与えます。シート「不合格者」の2行目から値を書き込ん
でいくためです。

▷　1行ずつ点数を確認して転記する

　これに続くフローに進みましょう。

図2-18　9番目から16番目までのフロー（図2-10の再掲）

　フローチャートでループと分岐にあたる部分にフローが進んでいきます。「For each CurrentItem in ExcelData」アクションから始まるのは、ExcelData テーブルから、CurrentItem に1行ずつデータを取り出していくループです。

　ループが始まってすぐ次のアクション「If CurrentItem['点数'] < 60」が、不合格になる条件を用いた分岐です。もし CurrentItem の点数が60未満だったら、という条件が成り立つときにそれ以降の転記処理を実行します。

　条件分岐に続く一連の「Excel ワークシートに書き込む」アクションが転記処理です。最初の、RowIndex 行のA列に書き込んでいる RowIndex - 1 は No に相当する値をこのフローの中で生成して転記しています。以降、B列に学籍番号、C列に氏名……と、順々に各列を書き込みます。

すべての列を書き込んだら、RowIndexに1を足して次の行に書き込めるようにします（17行目）。そして、10行目のIf文に戻ります。

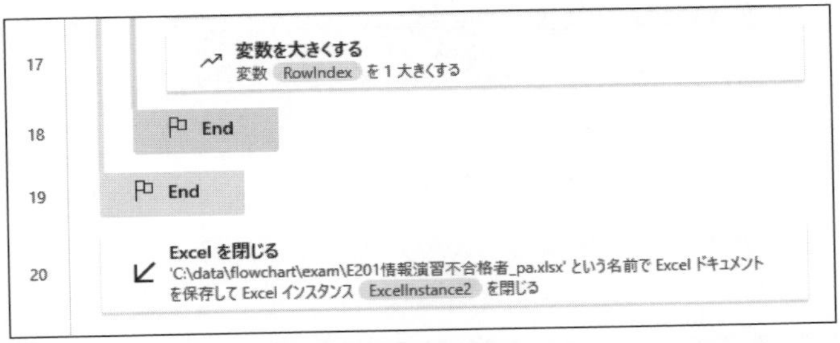
17
変数を大きくする
変数 RowIndex を 1 大きくする
18
End
19
End
20
Excel を閉じる
'C:\data\flowchart\exam\E201情報演習不合格者_pa.xlsx' という名前で Excel ドキュメントを保存して Excel インスタンス ExcelInstance2 を閉じる

図2-19　17番目からフローの最後まで

このように、条件に従った転記処理をExcelDataの全行を取り出して実行したらループは終了します。

最後に「Excelを閉じる」で名前を付けてドキュメントを保存します（20行目）。

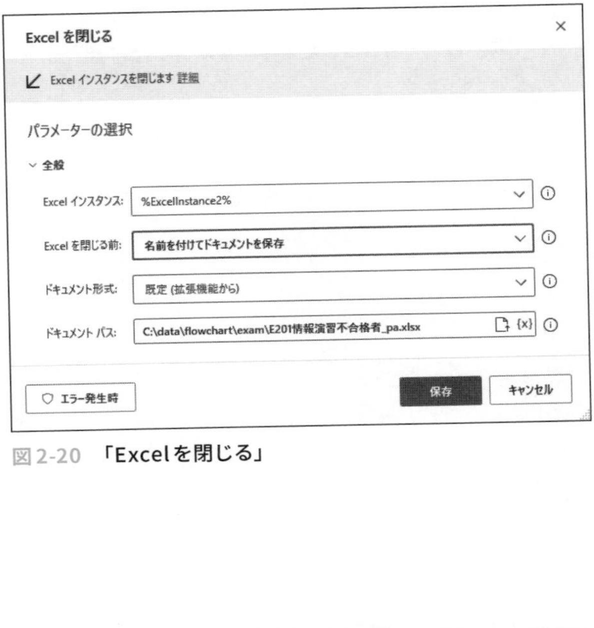
Excel を閉じる
Excel インスタンスを閉じます 詳細
パラメーターの選択
全般
Excel インスタンス: %ExcelInstance2%
Excel を閉じる前: 名前を付けてドキュメントを保存
ドキュメント形式: 既定 (拡張機能から)
ドキュメント パス: C:\data\flowchart\exam\E201情報演習不合格者_pa.xlsx
エラー発生時
保存
キャンセル

図2-20　「Excelを閉じる」

このアクションでは「Excelを閉じる前」という項目で「名前を付けてドキュメントを保存」や「ドキュメントを保存」を選べます。データを書き込むために開いたブックはひな形用のファイルなので、データを転記して上書きするわけにはいきません。この欄は「名前を付けてドキュメントを保存」にして、「ドキュメントパス」に「E201情報演習不合格者_pa.xlsx」というファイル名を指定しました。

このフローを実行すると、条件に合った学生をリストアップした「E201情報演習不合格者_pa.xlsx」が作成されます。

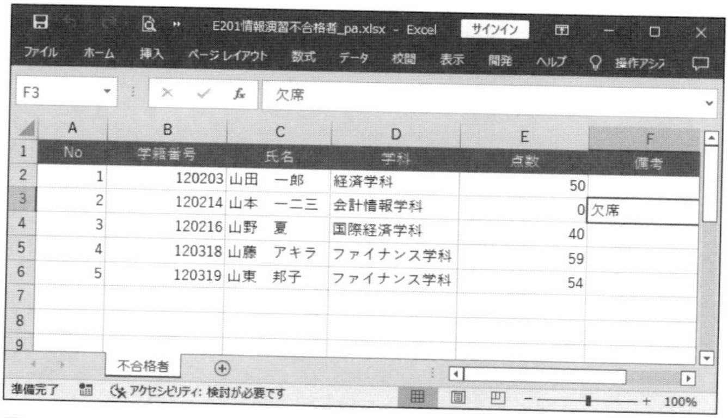

図2-21　このフローで書き出した201情報演習不合格者_pa.xlsxを
　　　　開いたところ

点数が60点未満だった学生の一覧表がデータとして書き出されていますね。

初めてかどうかに関わらず、Power Automateでフローを作る場合、20アクションを一気に作成することは困難です。2〜3のアクションを配置してはテスト、つまり実行して変数の値を確かめるという調子で進めていきましょう。

Pythonでプログラミング

　同じ処理をPythonで作ってみます。フローチャートをもとにプログラミングしたところ、33行のプログラムになりました。といっても見やすさを意識して、空白行をけっこう入れているので、実際の処理にかかわるコードとして24行になります。

コード2-1　テストの点数が60未満の学生をリストアップするexamine01.py

```
01  import openpyxl
02
03
04  EXAM_PATH = r"c:\data\flowchart\exam"
05
06  wb = openpyxl.load_workbook(EXAM_PATH + r"\E201情報演習
                                               .xlsx")
07  sh = wb[r"試験結果"]
08
09  rows = []
10  for row in sh.iter_rows(min_row=2):
11      cols = []
12      for col in row:
13          cols.append(col.value)
14      rows.append(cols)
15
16  wb.close()
17
18  wb = openpyxl.load_workbook(EXAM_PATH + r"\不合格者雛形
                                               .xlsx")
```

```
19   sh = wb[r"不合格者"]
20
21   row_index = 2
22   for cols in rows:
23       if cols[4] < 60:
24           sh.cell(row_index,1).value = row_index - 1
25           sh.cell(row_index,2).value = cols[1]
26           sh.cell(row_index,3).value = cols[2]
27           sh.cell(row_index,4).value = cols[3]
28           sh.cell(row_index,5).value = cols[4]
29           sh.cell(row_index,6).value = cols[5]
30           row_index +=1
31
32
33   wb.save(EXAM_PATH + r"\E201情報演習不合格者_py.xlsx")
```

　上から順々に見ていきましょう。1行目でPythonのプログラムで
Excelを扱うためのライブラリであるopenpyxlをインポートしていま
す。入力側、出力側いずれのブックも同じフォルダーに保存されている
ので、このフォルダーをEXAM_PATHにあらかじめ代入しておき、い
ちいちプログラム内で打ち直さなくていいようにしているのが4行目で
す。

　6行目と7行目で、load_workbook関数により入力側のブックを開
き、

sh = wb[r"試験結果"]

でシート名を指定してシートを取得しています。これまでにPythonで

Excelを扱うプログラムを作った、あるいは見たことのある人なら、ここまでは問題ないでしょう。

▷ 二重のfor文でデータのある全行、全列を読み込む

9行目から14行目までの6行分は、何をしているかわかりにくいかもしれません。

```
rows = []
```

はリストの初期化です。リストは他のプログラミング言語では配列と呼ばれるものです。リストには値を連続して格納することができます。格納した値は、リスト内の何番目かを示すインデックスを指定することで、あとから取り出すことができます。

10行目に記述しているiter_rowsメソッドは、引数として指定した範囲の行（row）を繰り返し取得します。ここでは引数にmin_row=2を指定しているので、ヘッダー行は取得せず、2行目からの試験結果の行を1行ずつ読み取り変数rowに代入します。for文の中でiter_rowsメソッドを使うことにより、指定した行（この場合は2行目）から順々に1行ずつ、以降のコードで指示した処理を、何らかのデータがあるすべての行で実行します。

具体的には、次の11行目の

```
cols = []
```

で、colsという名前のリストを作っています。12行目の

```
for col in row:
```

でrowから変数colの列を取り出します。

　リストや変数の名前は、一定の制限はあるもののプログラマーが自由に選べます。ここでは、リストには複数の値が入るので、rows、colsとsを付けました。rowもデータの形式としてはリストなのですが、1行分の値を格納するのに使うのでsは付けませんでした。また、colは1行の中のある列の値を格納します。これは、その時点で読み込む対象となっているセルの値です。

　13行目の

```
    cols.append(col.value)
```

により、リストcolsに読み込んだ列の値を追加します。12行目のfor文の中で実行されているので、1行分のデータから1列分ずつ、つまり1セルずつ値を取り出して、リストcolsに追加する処理になります。そして、1行分すべての列をcolsに追加し終わったら、

```
    rows.append(cols)
```

でリストrowsにcolsを追加します。この結果、リストrowsの値はそれぞれがcolsから追加したリストになります。このため、rowsは二次元のリストということになります。

　シート「試験結果」のすべての行を読み込んだら、

```
wb.close()
```

でブック「E201情報演習」を閉じます（16行目）。

▷ デバッグコードでリストの内容を確認

　ここで試しに、この時点でのリスト rows を pprint モジュールの
pprint 関数で出力してみましょう。

```
ターミナル    JUPYTER    問題    出力    デバッグ コンソール              ⚙ Python Debug Console  ＋∨ □ 🗑

ts\日経BP\PAandPython\prg'; & 'C:\Python\Python310\python.exe'  'c:\Users\Ez11\.vscod
e\extensions\ms-python.python-2022.14.0\pythonFiles\lib\python\debugpy\adapter/../..
\debugpy\launcher' '50671' '--' 'c:\Users\Ez11\Documents\日経BP\PAandPython\prg\exam
ine01.py'
[[1, 120201, '山下\u3000望', '経済学科', 74, None],
 [2, 120203, '山田\u3000一郎', '経済学科', 50, None],
 [3, 120211, '山上\u3000達夫', '企業経営学科', 67, None],
 [4, 120213, '山中\u3000温', '会計情報学科', 84, None],
 [5, 120214, '山本\u3000一二三', '会計情報学科', 0, '欠席'],
 [6, 120216, '山野\u3000夏', '国際経済学科', 40, None],
 [7, 120217, '山西\u3000透', '国際経済学科', 88, None],
 [8, 120218, '山村\u3000紅實', '国際経済学科', 94, None],
 [9, 120219, '山里\u3000智美', '国際経済学科', 78, None],
 [10, 120314, '山口\u3000珊瑚', 'ファイナンス学科', 90, None],
 [11, 120315, '山市\u3000正見', 'ファイナンス学科', 70, None],
 [12, 120318, '山藤\u3000アキラ', 'ファイナンス学科', 59, None],
 [13, 120319, '山東\u3000邦子', 'ファイナンス学科', 54, None],
 [14, 110191, '山崎\u3000真', '経済学科', 60, '再履'],
 [15, 110201, '山森\u3000松五郎', '企業経営学科', 70, '再履'],
 [16, 100210, '山岸\u3000次郎', '企業経営学科', 65, '再々履']]
PS C:\Users\Ez11\Documents\日経BP\PAandPython\prg> []
```

図 2-22　**14 行目までの処理を終えたところで pprint.pprint(rows) を実行し
てリスト rows を出力したところ** [*4]

　すると二次元のリストとして、試験結果が rows に読み込まれている
ことがわかります。こういった、プログラミング中に動作や変数の内容
を確認するためのコードを「デバッグコード」と言います。ここで使っ
た pprint メソッドは、リスト形式の値を見やすく整えて出力してくれる
メソッドです。このメソッドを使うには、pprint モジュールを最初にイ
ンポートしておく必要があります。

＊4　姓名の間にはさまっている\u3000は全角のスペースのことです。

```
import pprint
```

　このようにインポートしておけば、プログラムのどこでも

```
pprint.pprint(変数名)
```

を記述することで、変数の値を確認できます。
　このあとの処理はPower Automateのフローと全く同じです。ブック「不合格者雛形」を開いて、シート「不合格者」を取得します。次に変数row_indexを

```
row_index = 2
```

とします（21行目）。この変数row_indexはシート「不合格者」にデータを転記する際に書き込み先の行を指定するインデックスです。この段階では「書き込むのは2行目」とプログラムに指示していることになります。

▷ 読み取ったデータから基準点未満の行を抜き出す

　続く22行目の

```
for cols in rows:
```

で、書き込むデータを作成します。このループでは、10行目からのコードで読み取った全データのリストをもとに書き込むべきデータを抽出します。このリストは二次元のリストです。ここから1行ずつcolsに取

り出します。必要なのは基準点に満たないことなので、cols[4]、つまり
点数の値が60未満であることを条件に（23行目）、その行の各列の
値を順に

```
sh.cell(row_index,1)
```

のように行番号、列番号を指定してセルに値を書き込みます。
　24行目の右辺である

```
row_index - 1
```

は、不合格者一覧の番号として利用する値です。21行目でrow_
indexの初期値を2としたことにより、2行目に最初のデータが入力さ
れます。そこでrow_indexから1を引くことで、最初のデータに番号1
を設定できます。以降、書き込むデータが増えていくごとに、書き込み
先の行番号が増えていくので、この一覧表の番号も1から順に増やし
ていくことができます。
　以降、25行目からはcols[1]の学籍番号、cols[2]の氏名、cols[3]の
学科、cols[4]の点数、cols[5]の備考が、該当する行の各列の値として
書き込み先の行の各セルの値として代入されます。
　rowsの全行を処理し終わったら、saveメソッドで「E201情報演習
不合格者_py.xlsx」と別名を付けてブックを保存してプログラムは終
了です（33行目）。

　最初のミッションはどうでしたか。フローチャートを作って、Power
Automateでフローを、Pythonでプログラムを実装してみました。開
発環境は違っても同じことをしていると感じませんでしたか。要件定
義とフローチャートがしっかりできていることが大切なのです。
　さて、ここまで見てきたミッション1ですが、このままでは「E201情

報演習」とは違う科目の試験結果を処理したいときはフローのアクションを変更したり、プログラムを変更したりする必要がありますね。これは少々不便で面倒です。そこでミッション1を発展させて、より便利に使えるように改造してみましょう。

MISSION: ONE-PLUS

ミッション1にファイル選択機能を追加しなさい。

　応用の第一歩は、不合格者一覧を作る科目のExcelブックを選択できるようにするというミッションです。ミッション1を発展させたものなので、ミッション1＋としておきます。まず、フローチャートにファイルを選択する処理を加えてみましょう。

図2-23 フローチャートにファイル選択を追加した

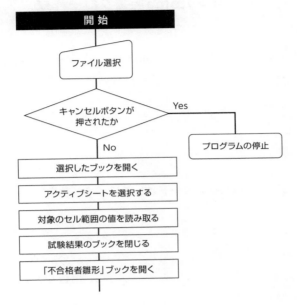

　最初に作ったフローチャートでは「試験結果のブックを開く」だったところを、手動入力 (Manual Input) の記号に入れ替え、「ファイル選択」にしました。ここでファイルが選択された場合は、そのファイルを開いて処理を続行します。キャンセルが押された場合はプログラムを停止します。

Power Automateでフロー作成

このフローチャートをPower Automateのフローに実装していきましょう。本章で作った「Excel転記_試験結果から不合格者」フローをベースに改造していきます。

コラム **フローはRobinコードとしてコピペできます**

今回のように、すでにあるフローを発展させたいときは、既存のフローを直していくことになります。でも、既存のフローを書き換えるのではなく、それはそれでそのまま残しておきたい場合もあります。そんなときはフローをコピー＆ペーストします。

それには、コピー元のフローを開いて、Ctrl＋Aでフローのアクションを全選択、Ctrl＋Cでコピーしたのち、新しいフローを開いて、何もアクションがないところにCtrl＋Vで貼り付けます。

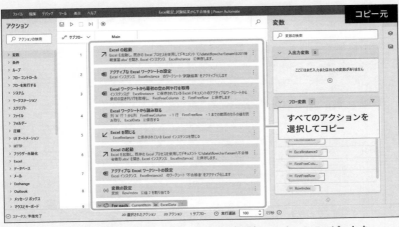

図2-24 **コピー元のフローを開いて、Ctrl＋Aで全選択、Ctrl＋Cでコピーした**

図2-25 **新しいフローを開いて、Ctrl＋Vでペースト（貼り付け）した**

　ペーストするときは、ペースト場所を指示するために、サブフローの
タブのMainの横あたりをクリックすると確実です。ただし、この手順
でコピーすると、Main_copyというサブフローができてしまいます。
　Mainに貼り付けたい場合は、コピーしたフローをいったんテキスト

エディタなどに貼り付けます。メモ帳でも大丈夫。

図2-26　テキストエディタにフローを貼り付けたところ

　テキストエディタに貼り付けるとRobinコードが表示されます。最初の行がFUNCTIONで始まり、最後の行はEND FUNCTIONです。この2行の間だけをコピーして、Mainの中に貼り付けすれば、Mainフローとすることもできます。

　もう一度、Robinコードを見てください。下の方に繰り返しを行うLOOPや分岐のIF文がありますね。Robinコードの文法に慣れれば、テキストエディタで直接編集することもできそうです。RobinはRPAソフトウェア（ボット）用のプログラミング言語です。

　エディタ上のコードを再び選択してコピーします。このとき、先頭行と最終行を除いてコピーしてください。このようにいったん別のツールを経由してコピーしたものでもPower Automateに直接貼り付けられます。

図 2-27　テキストエディタから Main に全アクションを貼り付けたところ

　最初に作ったフローを、新しいフローチャートに合わせて作り替えていきましょう。まず冒頭にいくつかのアクションを追加します。

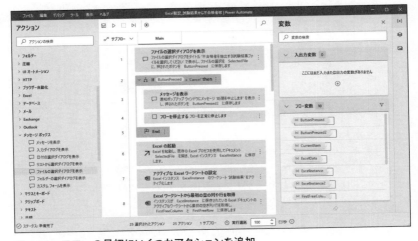

図 2-28　フローの最初にいくつかアクションを追加

要件定義とフローチャート

Power Automate

Python

まず、「メッセージボックス」のグループから、「ファイル選択ダイアログを表示」を選びます。おさらいになりますが、次のIFは「条件」グループ、「メッセージの表示」は「メッセージボックス」グループ、「フローの停止」は「フローコントロール」グループにあります。

▷ **ダイアログボックスの詳細を設定する**

　「ファイル選択ダイアログ」には設定項目がたくさんあります。

ファイルの選択ダイアログを表示　　　　　　　　　　　　　　　×

　　ファイルの選択ダイアログを表示し、ユーザーに複数のファイルの選択を求めます 詳細

パラメーターの選択

∨ 全般

ダイアログのタイトル:　　　　　　不合格者を抽出する試験結果ファイルを選択してください　{x} ⓘ

初期フォルダー:　　　　　　　　　C:\data\flowchart\exam　　　　　　　🗁 {x} ⓘ

ファイル フィルター:　　　　　　　*.xlsx　　　　　　　　　　　　　　{x} ⓘ

ファイル選択ダイアログを常に手前に表示　　⬤　　　　　　　　　　　　　　ⓘ
する:

複数の選択を許可:　　　　　　　　⬤　　　　　　　　　　　　　　　　ⓘ

ファイルが存在するかどうかを確認:　　　⬤　　　　　　　　　　　　　　ⓘ

> 生成された変数　SelectedFile　ButtonPressed

♡ エラー発生時　　　　　　　　　　　　　　　　　　保存　　キャンセル

図 2-29　ファイル選択ダイアログの設定項目

　このアクションにはパラメーターがたくさんあります。重要なものについて補足しておきます。「ダイアログのタイトル」には「何のファイルを選ぶのか」について説明を入れるとわかりやすいでしょう。ここに入力したテキストが、開いたダイアログボックスのタイトルバーに表示されます。

　「初期フォルダー」では、入力ボックス右端のフォルダーアイコンをクリックして、目的のファイルがあるフォルダーをあらかじめ指定しておくといいでしょう。フローを実行したときにファイルを選択するときの手数を減らせます。「ファイルフィルター」にはExcelブックすべてを示す「*.xlsx」を指定します。*はすべてを示すワイルドカードなので、拡張子がxlsxであるファイルが対象という意味になります。この設定により、Excelブック以外のファイルがあってもファイル一覧には表示されないようにできます。「ファイルが存在するかどうかを確認」はオンにしておきましょう。実行時にダイアログボックスで選択したファイルは変数SelectedFileとして取得され、押されたボタンはButtonPressedでわかります。

　　フローを実行すると次のようなダイアログボックスが表示されます。

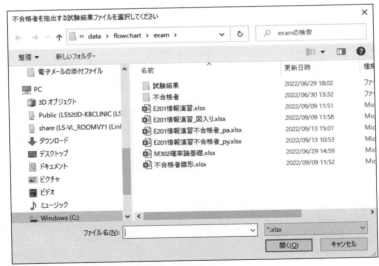

図2-30　**ファイルを選択するダイアログボックス**

　　ここでキャンセルボタンを押すと、次のIf文の条件がTrue（真）となり、「処理を中止します」とメッセージを表示し、フローは停止します。

ファイルを選択して、「開く」ボタンを押すと処理を続行します。

ミッション1のフローと異なるアクションについて説明します。

まず、「Excelの起動」では「ファイルの選択ダイアログを表示」の変数SelectedFileに格納されたファイルを開くようにします。これは、ユーザーが選択したファイルです。

図2-31　「Excelの起動」でSelectedFileを開く

具体的には「ドキュメントパス」に「%SelectedFile%」を指定します。最後の「Excelを閉じる」アクションも変更が必要です。

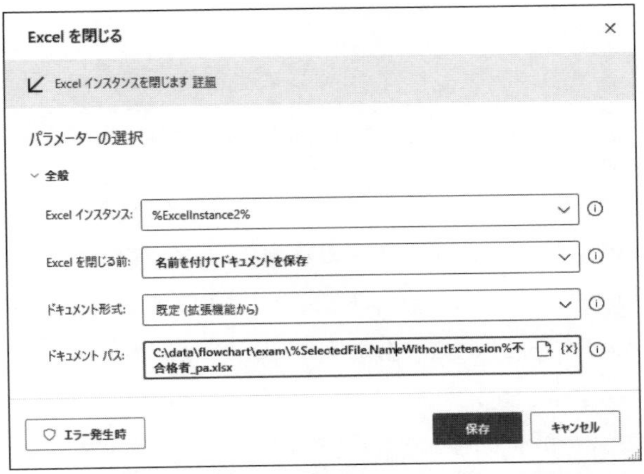

図2-32 最後の「Excelを閉じる」アクションの編集画面

　このフローで保存する不合格者のブックのファイル名を、変数SelectedFileのNameWithoutExtensionプロパティ（属性）から求めています。「ドキュメントパス」の

```
C:\data\flowchart\exam\%SelectedFile.NameWithoutExtenshon%
                                          不合格者_pa.xlsx
```

に注目してください。途中にあるSelectedFile.NameWithoutExtensionで、SelectedFileに格納されたファイル名から拡張子を取り除いた文字列が取得できます。これを「C:\data\flowchart\exam\」と「不合格者_pa.xlsx」という文字列との間に挟むという記述です。

　たとえばこのフローで「E201情報演習.xlsx」を選択していた場合、保存するファイルのフルパスはC:\data\flowchart\exam\E201情報演習不合格者_pa.xlsxになります。

　これで、Power Automate版はファイルの選択ができるようになり

ました。

Pythonでプログラミング

　Pythonでも同じようにファイルを選択して処理できるようにしましょう。ただ、Pythonはコマンドベースで入出力するのが基本操作のため、ファイルを選択する（指定する）ような操作がやりやすくはなっていません。コマンド入力に慣れていない人が使うことを想定して、Power Automate同様、ファイル選択のダイアログボックスを使えるようにしたいと考えました。

▷ GUIライブラリを使ってダイアログボックスを表示

　そのためにはまずPySimpleGUIというGUIライブラリをPythonで使えるように、pipでインストールします。

```
ターミナル    JUPYTER    問題    出力    デバッグ コンソール

PS C:\Users\Ez11\Documents\日経BP\PAandPython\prg> pip install PySimpleGUI
Collecting PySimpleGUI
  Using cached PySimpleGUI-4.60.3-py3-none-any.whl (509 kB)
Installing collected packages: PySimpleGUI
Successfully installed PySimpleGUI-4.60.3

[notice] A new release of pip available: 22.2.1 -> 22.2.2
[notice] To update, run: python.exe -m pip install --upgrade pip
PS C:\Users\Ez11\Documents\日経BP\PAandPython\prg>
```

図2-33　VS Codeのターミナルに「pip install PySimpleGUI」を入力

　GUIとはグラフィカルユーザインターフェース(Graphical User Interface)の略で、みなさんがWindowsを使う際にはGUIを使った操作をしています。それに対して、ターミナルやコマンドプロンプト、

Windows PowerShellなどでの操作がCUI（キャラクタユーザインターフェース（Character User Interface）を使った操作です。コマンドとして英文字、数字などを入力してコンピューターを操作するインターフェースがCUIです。

PySimpleGUIはGUIをPythonで利用できるようにするためのライブラリです。PythonにはGUIライブラリの代表格であるTkinterという標準ライブラリが用意されていますが、PySimpleGUIはTkinterをベースに、より使いやすさを追求している外部ライブラリです。GUIを扱いたいときにはお薦めです。

PySimpleGUIがインストールできたところで、ミッション1+のコードを見てみましょう。

コード2-2　ファイルを選択できるようにしたexamine02.py

```
01  import openpyxl
02  import PySimpleGUI as sg
03  import os
04
05
06  EXAM_PATH = r"c:\data\flowchart\exam"
07
08  file_path = sg.popup_get_file("試験結果のExcelファイル",
09          title = r"ファイル選択",
10          file_types=(("Excel File","*.xlsx"),),
11          initial_folder=EXAM_PATH,
12          )
13
14  if file_path == None or file_path == "":
15      exit()
```

```
16
17  wb = openpyxl.load_workbook(file_path)
18  sh = wb[r"試験結果"]
19
20  rows = []
21  for row in sh.iter_rows(min_row=2):
22      cols = []
23      for col in row:
24          cols.append(col.value)
25      rows.append(cols)
26
27  wb.close()
28
29  wb = openpyxl.load_workbook(EXAM_PATH + r"\不合格者雛形
                                                .xlsx")
30  sh = wb[r"不合格者"]
31
32  row_index = 2
33  for cols in rows:
34      #print(cols)
35      if cols[4] < 60:
36          sh.cell(row_index,1).value = row_index - 1
37          sh.cell(row_index,2).value = cols[1]
38          sh.cell(row_index,3).value = cols[2]
39          sh.cell(row_index,4).value = cols[3]
40          sh.cell(row_index,5).value = cols[4]
41          sh.cell(row_index,6).value = cols[5]
42          row_index +=1
43
```

```
44
45   file_name = os.path.splitext(os.path.basename(file_
                                          path))[0]
46
47   wb.save(EXAM_PATH + "\\" + file_name + r"不合格者_
                                          py.xlsx")
```

さっそく上から順にプログラムを見て行きましょう。import文が2行増えて、3行になっています。2行目の

```
import PySimpleGUI as sg
```

でPySimpleGUIライブラリをインポートしますが、asで別名を付けることができます。

```
as sg
```

と付けることで、プログラム内でいちいちPySimpleGUIと記述するのではなく、sgで参照できるようにしています。

3行目でインポートしているosライブラリは標準ライブラリです。このためインストールは不要で使えます。ファイル選択で取得したファイルパスからファイル名だけを取り出す機能を利用するために、OSライブラリもインポートしました。

8行目で記述しているpopup_get_file()がファイル選択のダイアログを表示するメソッドです。title（タイトル）に「ファイル選択」、file_types（ファイルの種類）に

```
(("Excel File","*.xlsx"),)
```

要件定義とフローチャート　Power Automate　Python

を、続いてinitial_folder（初期フォルダー）に

EXAM_PATH（c:\data\flowchart\exam）

を指定しています。

　プログラムを実行すると、次のようにファイル選択ダイアログが表示
されます。

**図2-34　PySimpleGUIで表示したファイル選択ダイアログ
　　　　　ボックス**

　ここでBrowseボタンをクリックすると、initial_folderに存在する
Excelブックが表示されます。

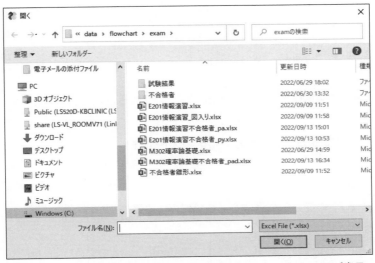

図2-35 Browseボタンをクリックすると「開く」ダイアログボックスが表示
される

図2-34でCancelボタンが押されたり、ファイルを指定せずにOK
ボタンを押したりした場合は、14行目の

```
if file_path == None or file_path == ""
```

の条件が真になります。==は比較演算子です。右辺は、二つの条件
をorでつないでいます。前半でfile_pathがNone（値がない）と等
しいかをまず判定しています。orは「もしくは」を意味する論理演算子
です。後半の条件は、「file_pathが""（空白）に等しい」が真（True）
かどうかです。この二つの条件をorで演算することにより、いずれか
どちらかでも成立しているかどうかがifの条件になります。このため、
キャンセルボタンが押されたか、ファイルが指定されていないか、いず
れかだった場合にexit()でプログラムを抜け出します（15行目）。
　ファイルが選択された場合はfile_pathにファイルのパスが入って

いるので、17行目の

```
load_workbook(file_path)
```

でブックを取得します。これ以降はミッション1と同じ処理が続きます。

▷ 保存するファイル名用にテキスト処理

　新たにインポートしたOSライブラリを使うのは最後から2番目の処理です。ここで、ファイルを別名で保存する際のファイル名を生成します。

　ファイル名のベースになるのは、変数file_pathです。これには開くファイルとして指定されたファイルがフルパスで格納されています。

　たとえば、file_pathがc:\data\flowchart\exam\M302確率論基礎.xlsxのとき、basename関数は「M302確率論基礎.xlsx」と拡張子付きでファイル名を取得します。それをsplitext関数でピリオドの前後に分割します。splitext関数は

```
('M302確率論基礎', '.xlsx')
```

のようなタプルを返すので、

```
os.path.basename(file_path))[0])
```

のように、取得したタプルから添え字でインデックスの[0]を指定することにより、ファイル名だけ取得します。それを、47行目で不合格者_py.xlsxという文字列と連結して保存するファイル名にしています。

　これで、どの試験科目もファイルを選択して不合格者リストを作るこ

とができるようになりました。実用的なプログラムになりましたね。しかし、別の指摘もあるでしょう。試験科目はたくさんあるのでいちいち指定して不合格者リストを作るのは面倒であるというような指摘です。そこで、ミッション1に再度、別の改良を加えてみましょう。

MISSION: ONE-PLUS-PLUS

**あるフォルダーに存在する試験結果を
すべて処理してください。**

ここまでのミッションは、ある特定のファイルを指定して処理するようにしていました。でも、基準点に満たない学生をリストアップするのは、特定の科目だけでなく、試験を実施した全科目で必要な業務です。別の科目でも同じ処理をしようと思ったら、その都度フローもしくはプログラムを実行する必要があります。科目数が多いため、それでもまだ面倒です。

そこで、試験結果のExcelブックをパソコンやNAS（Network Attached Storage）上の特定のフォルダーに全部集めるように準備しておくので、あとは全科目を一気に処理してくれた方が便利だという要望です。

フローチャートの作成

　1ファイルを読み込むのと、全ファイルを読み込むのとでは、フローチャートの構造が変わってきます。具体的には、これまでの

- ・試験結果のブックを開く
- ・試験結果のセル範囲を読み込む
- ・不合格者雛形のブックを開く
- ・点数が60点未満か調べる
- ・該当したら行単位でデータを転記する
- ・転記し終えたら別名で保存する

という処理を、試験結果が記録された全ファイル分、繰り返すというループの中に入れます。

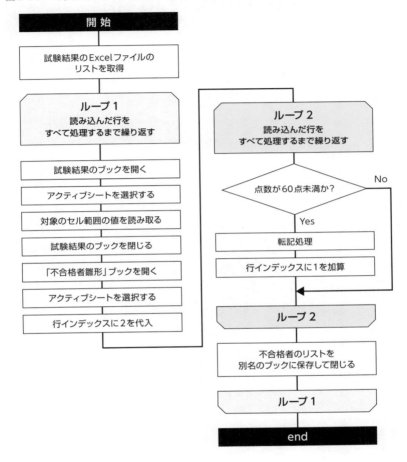

図2-36　ミッション1＋＋のフローチャート。ループが二重になった

　全ファイルを処理するためには、指定したフォルダーにある拡張子が.xlsxのファイルのリストを取得し、そのリストに従って1ファイルずつ順にミッション1と同様の処理を繰り返せばいいわけです。ファイルのリストからファイル名を一つずつ取り出して処理するループの中に、シート「試験結果」の各行を処理するループが入る構造になります。このようなループ構造を二重のループと言います。

Power Automateでフロー作成

これをPower Automateのフローにしてみます。フローの開始から、不合格者雛形.xlsxを開くところまでを見てください。

図2-37　**全ファイルを処理するフロー。不合格者ひな形.xlsxを開くところまで**

最初の「フォルダー内のファイルを取得」アクションで、C:\data\flowchart\exam\試験結果（フォルダー）にある、ファイル名のパターンが*.xlsxにする一致するファイルの一覧を変数Filesに取得します。次のFor eachのループの中で一つずつファイルを処理します。

「フォルダー内のファイルを取得」アクションの設定を見てください。

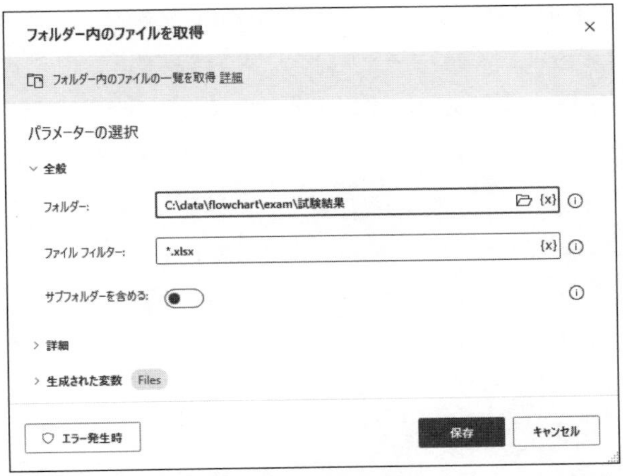

図 2-38 「フォルダー内のファイルを取得」アクションの設定

「フォルダー内のファイルを取得」アクションでは、対象のフォルダーを「C:\data\flowchart\exam\試験結果」と指定し、そこにあるファイル名のパターンが「*.xlsx」に一致するファイルをFilesに格納しています。ここで試しに、どのようにファイル名がFilesに格納されるか、ブレークポイントを設定してフローを実行して確かめてみました。

図 2-39 Power Automate が C:\data\flowchart\exam\
試験結果で見つけた*.xlsxのファイル。フルパスで
記録されている

変数 Files には C:\data\flowchart\exam\試験結果にある *.xlsx のファイルのパスがインデックス付きで格納されています。このパスを For each で一つずつ取り出し、処理をしていくのです。

　ここで図 2-37 に話を戻しますが、シート「試験結果」の読み取りや 60 点未満の学生データを不合格シートに書き込んで行く処理はミッション 1 と同じです。外側に大きなループを追加しただけで中の処理は同じというイメージです。

　ただし、For each xlsxFile in Files のループと対の End（23 番目）の 1 行上のアクションが異なります。

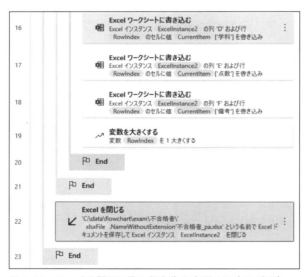

図 2-40　Excel を閉じる際に保存先を変更する（22 番目）

　保存先のフォルダーを C:\data\flowchart\exam\不合格者と別途指定して、不合格者一覧のブックを保存するように変更しました。これは、処理するファイル数が多くなることを考慮し、試験結果のブックと不合格者のブックとを分けないと管理が大変になることを危惧したためです。

このようにFor each 〜 Endのループを一つ追加したといえば簡単に聞こえるかもしれませんが、それによりフローの処理は大きく変わりました。

Pythonでプログラミング

Pythonでも同様に全ファイルを処理するプログラムに仕立てましょう。まずファイルの一覧を取得するためのコードが必要です。

▷ Globライブラリでファイルリストを取得

指定したフォルダー内のファイルの一覧を取得するには、globライブラリを使います。このライブラリはPythonに標準で用意されているライブラリです。Pythonでは二重のループがどのようになっているか、次のコードを読んでみてください。

コード2-3　指定したフォルダーの全ファイルを処理するように改良した
examine03.py

```
01  import openpyxl
02  import glob
03  import os
04
05
06  EXAM_PATH = r"c:\data\flowchart\exam"
07
08  xlsx_files = glob.glob(EXAM_PATH + r"\試験結果\*.xlsx")
09
```

```
10   for xlsx_file in xlsx_files:
11
12       wb = openpyxl.load_workbook(xlsx_file)
13       sh = wb[r"試験結果"]
14
15       rows = []
16       for row in sh.iter_rows(min_row=2):
17           cols = []
18           for col in row:
19               cols.append(col.value)
20           rows.append(cols)
21
22       wb.close()
23
24       wb = openpyxl.load_workbook(EXAM_PATH + r"\不合格者
                                            雛形.xlsx")
25       sh = wb[r"不合格者"]
26
27       row_index = 2
28       for cols in rows:
29           #print(cols)
30           if cols[4] < 60:
31               sh.cell(row_index,1).value = row_index - 1
32               sh.cell(row_index,2).value = cols[1]
33               sh.cell(row_index,3).value = cols[2]
34               sh.cell(row_index,4).value = cols[3]
35               sh.cell(row_index,5).value = cols[4]
36               sh.cell(row_index,6).value = cols[5]
37               row_index +=1
```

```
38
39
40      file_name = os.path.splitext(os.path.basename(xlsx_
                                                   file))[0]
41      wb.save(EXAM_PATH + r"\不合格者\\" + file_name + "不
                                         合格者_py.xlsx")
```

　glob関数を使うと引数に指定したパターンのファイルを取得することができます。このコードでファイルのリストを取得しているのは8行目の

```
glob.glob(EXAM_PATH + r"\試験結果\*.xlsx")
```

です。このコードで、EXAM_PATHで指定したフォルダーの配下にあるサブフォルダー「試験結果」を対象に、そこにある*.xlsxのファイルパターンに一致するファイルをすべて取得します。

　VS Codeでもブレークポイントが使えるので、ブレークポイントを10行目の

```
for xlsx_file in xlsx_files:
```

の行に設定し、「実行」メニューから「デバッグの開始」を選んで、変数xlsx_filesの値を確かめてみましょう。

　VS Codeでブレークポイントを設定するには、Power Automate同様に行番号の左側をクリックします。すると、この行の頭に右向きのマークが表示されます。これがブレークポイントのサインです。

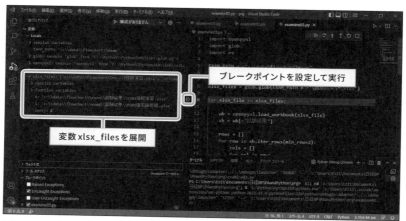

図 2-41 ブレークポイントを設定して実行し、変数を展開する

　ブレークポイントで停止したら、左ペインの「変数」→「Locals」を順にクリックして展開します。現れた変数 xlsx_files をさらにクリックして展開します。すると

```
0:'c:\\data\\flowchart\\exam\\試験結果\\E201情報演習.xlsx'
1:'c:\\data\\flowchart\\exam\\試験結果\\M302確率論基礎.xlsx'
```

のように、Excel ファイルのパスが xlsx_files に格納されていることがわかります。これをもとに

```
for xlsx_file in xlsx_files:
```

のループで一つずつ取り出して処理していくことができます。
　ループ内の処理はミッション 1 と同じです。ファイルの保存では、Power Automate のときと同様、試験結果のブックとは保存先を分けるために、save メソッドの引数を

```
EXAM_PATH + r"\不合格者\\" + file_name + "不合格者_py.xlsx"
```

のように記述することで、「不合格者」フォルダーにExcelブックを保存
します。

> > > > > > > > > >

　さて、最初のミッションはいかがでしたか？　フローチャートを作っ
てから、Power AutomateやPythonで自動化するプログラムを作る
という手順で、合計3種類のミッションを解決してきました。結局、プ
ログラミングというのはこのデータをどう処理してやろうかと考えるこ
とが最も重要かつ最も頭を使う作業そのもので、実際にそれをコード
にする作業はコーディングだと分けて考えると、プログラミング言語や
ツールにあまり縛られる必要はないのではと思えてきたのではないで
しょうか。では、この調子でほかにもさまざまなミッションを解決して
いきましょう。

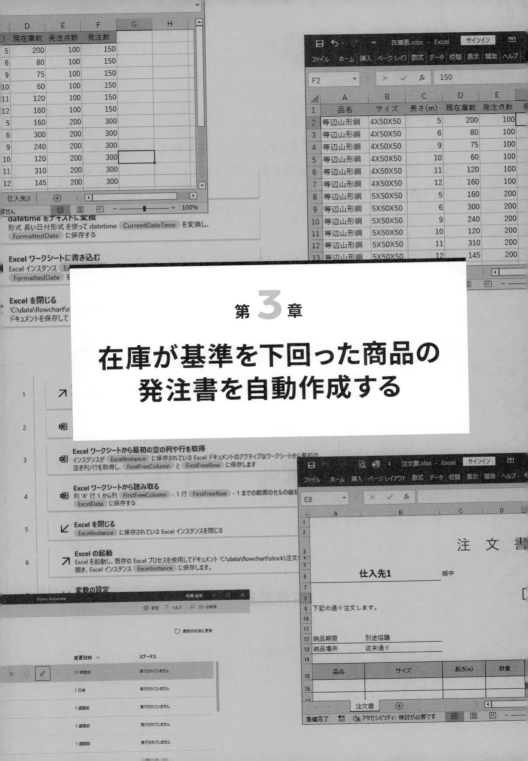

第 **3** 章

在庫が基準を下回った商品の
発注書を自動作成する

ここは企業の購買部門です。あなたは発注業務の担当者です。
在庫表にある在庫数が基準の数を下回っている商品をすべて
注文書に転記してください。

　今回のテーマは発注処理の自動化です。在庫が少なくなったら、受
注に備えて発注する。当たり前の業務ですが、各商品それぞれに在庫
がどれだけ少なくなったら発注するかの基準があります。このため、商
品ごとにその基準と現在の在庫を見比べ、基準を下回ったら発注する
という作業をしなければなりません。Excel単体でやるとすると……。
基準値を下回る商品をわかりやすいように目立たせるだけなら、条件
付き書式を利用すればそれほど手間をかけずにできそうです。でも、
そこから自動的に注文書を作成して……となると簡単ではなさそうで
す。

　そこで、注文書を作成するところまでPower AutomateとPython
で自動化しましょう。まずは前章と同様に、現状の作業とファイルの内
容を分析して、要件を定義します。

要件定義

　まずは、元データとなる在庫の管理表を見てください。

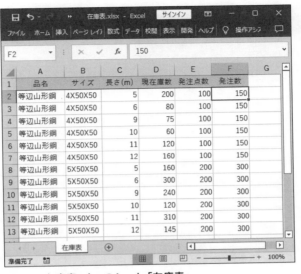

図3-1　**在庫表.xlsxのシート「在庫表」**

このデータは、以下のような構造になっています。

- このデータには「現在庫数」「発注点数」「発注数」が記録されている
- 発注点数とは、在庫がこの点数を下回ったときに発注するという基準である
- 下回るとは未満である（日本語は難しいですね）
- 発注数は1回の発注における数量で、商品ごとに定められている

これをもとに発注書を作ります。発注書は定型の文書なので、これもあらかじめ仕様を確認しておきましょう。

図 3-2　**注文書.xlsxのシート「注文書」**

　これを踏まえて、発注業務をプログラムにするときの要件を定義してみます。

・現在庫数＜発注点数の商品があったら、注文書に発注数を転記する
・注文書には発注する商品の情報として、品名、サイズ、長さ(m)、数量を記入する
・注文書の注文年月日には、発注日（プログラムを実行した当日）の日付を入れる
・いつの注文書かファイル名でわかるように「注文書yyyy年mm月dd日.xlsx」と発注日を含めたファイル名でブックを保存する
・在庫表と注文書のExcelブックはc:\data\flowchart\stockにある

プログラムに求める機能としては、こんなところでしょうか。これを具体的な処理に落とし込むために、フローチャートにしましょう。

実は今回のミッションでは日付の処理もテーマの一つです。そのことを踏まえて、定義した要件をどのように具体化していくのか、読み取っていってください。プログラムの名称は「在庫表から注文書へ転記」としておきます。

フローチャートの作成

それでは、フローチャートを見ていきましょう。

図3-3 **「在庫表から注文書へ転記」のフローチャートの前半部分**

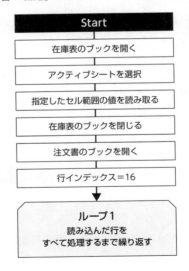

「在庫表から注文書へ転記」のフローチャート前半部分の処理はミッション1と同じですね。在庫表のブックを開き、在庫表の商品が入

力されている部分をすべて読み取り、このブックを閉じます。次に注文書のブックを開きます。注文書の仕様に沿って16行目から転記していきたいので、行インデックスに16を代入します。ブックの名前や行インデックスに代入する数値は変わりますが、大まかな処理の流れはミッション1と変わりません。

これに続くフローチャートを見てみましょう。

図3-4 「在庫表から注文書へ転記」のフローチャート（後半）

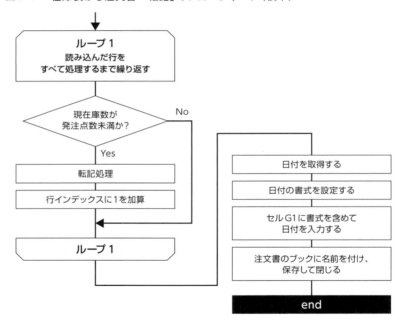

ループ（ループ1）から後半部分は始まります。このループにより、フローチャートの前半で読み込んだ在庫表の全データを、1行ずつ順々に処理します。

ループの中では、現在庫数が発注点数未満になっている商品を注文書に記入します。ミッション1では、判断の基準が60という定数と

各行の点数との比較でしたが、ミッション2では読み込んだデータの
列同士で比較します。

　このように対象データが試験の結果であっても、商品の在庫データ
であっても同じように処理できるわけです。対象となる値を基準値と
比較してデータを抽出するという処理が本質であることには変わりは
ありません。

　転記処理自体はミッション1とほとんど同じになるので、このフロー
チャートの中では「転記処理」とまとめてしまうことにしました。コード
が思い浮かべられるような処理については、このくらい大まかでもか
まいません。プログラムを作る自分がわかればいいのです。もちろん、
経験値を高める意味でも細かく処理を分けてフローチャートを作るこ
とにも意味はあります。自分でフローチャートを作るときは、ご自分で
判断してください。

　発注が必要な商品をすべて注文書シートに書き込んだら、今日（プ
ログラムを実行した当日）の日付を取得します。取得した日付を書式化
（フォーマット）して、セルG1に記入するだけでなく、保存するファイル
名の一部とします。

Power Automateでフロー作成

　このフローチャートをもとに作ったPower Automateのフローを見
てください。

1	↗	**Excel の起動** Excel を起動し、既存の Excel プロセスを使用してドキュメント 'C:\data\flowchart\stock\在庫表.xlsx' を 開き、Excel インスタンス ExcelInstance に保存します。
2	▥	**アクティブな Excel ワークシートの設定** Excel インスタンス ExcelInstance のワークシート '在庫表' をアクティブ化します
3	▥	**Excel ワークシートから最初の空の列や行を取得** インスタンスが ExcelInstance に保存されている Excel ドキュメントのアクティブなワークシートから最初の 空き列/行を取得し、FirstFreeColumn と FirstFreeRow に保存します
4	▥	**Excel ワークシートから読み取る** 列 'A' 行 1 から列 FirstFreeColumn - 1 行 FirstFreeRow - 1 までの範囲のセルの値を読み取り、 ExcelData に保存する
5	↙	**Excel を閉じる** ExcelInstance に保存されている Excel インスタンスを閉じる
6	↗	**Excel の起動** Excel を起動し、既存の Excel プロセスを使用してドキュメント 'C:\data\flowchart\stock\注文書.xlsx' を 開き、Excel インスタンス ExcelInstance に保存します。
7	{x}	**変数の設定** 変数 RowIdx に値 16 を割り当てる
8	↻	**For each** CurrentItem in ExcelData

図 3-5 「Excel 転記_在庫表から注文書」フローの冒頭部分（1〜8番目）

　在庫表から注文書へ転記する処理として作ったフローの前半部分です。このフローは「Excel転記_在庫表から注文書」という名前で作成しました。Excelを起動して「C:\data\flowchart\stock\在庫表.xlsx」を開き、このブックを変数ExcelInstanceに代入します。これで以降のフローで、このブックをExcelInstanceとして扱えるようになります。次にExcelInstanceのワークシート「在庫表」をアクティブにします。ここまでが1〜2番目のアクションです。

　以降の処理も順々に見ていきましょう。シート「在庫表」のデータが入力されている範囲を知るためにExcelワークシートから最初の空の列と行をそれぞれ取得するアクションを実行します。

▷ 変数の内容を見てフローが作れているかをチェック

　次のアクション「Excelワークシートから読み取る」（4番目）でA列1行から「FirstFreeColumn − 1」列、「FirstFreeRow − 1」行までを変数ExcelDataに読込みます。すべてのセルが空の列（もしくは行）から1列（もしくは1行）手前の範囲が、データが入力されているセルの範囲になります。このアクションで生成された変数ExcelDataは、データテーブル（DataTable）です。このアクションを開くと確認できます。

図3-6　**セル範囲の値はDataTableとして読み込まれる**

　「生成された変数」の左の>をクリックして展開すると、「セル範囲の値をDataTableとして」という注釈が表示されます。
　これを確かめるために、5行目にブレークポイントを設定してフローを実行し、フロー変数の中のExcelDataをダブルクリックして変数の値を確認します。

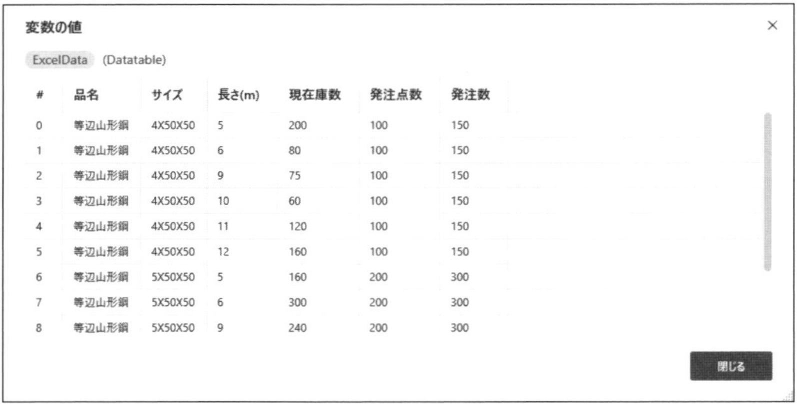

変数の値

ExcelData (Datatable)

#	品名	サイズ	長さ(m)	現在庫数	発注点数	発注数
0	等辺山形鋼	4X50X50	5	200	100	150
1	等辺山形鋼	4X50X50	6	80	100	150
2	等辺山形鋼	4X50X50	9	75	100	150
3	等辺山形鋼	4X50X50	10	60	100	150
4	等辺山形鋼	4X50X50	11	120	100	150
5	等辺山形鋼	4X50X50	12	160	100	150
6	等辺山形鋼	5X50X50	5	160	200	300
7	等辺山形鋼	5X50X50	6	300	200	300
8	等辺山形鋼	5X50X50	9	240	200	300

閉じる

図3-7　セル範囲の値が取り込まれた変数ExcelDataの内容。データテーブル（DataTable）の形式になっていることがわかる

このようにフローを作りながら、折に触れその時点での変数の値を確認してください。自分の思い描いた通りにプログラムが作成できているかどうかチェックできます。

シートが1枚だけなら自動的にアクティブになる

フローの続きを見ていきましょう。「Excelを閉じる」アクションで在庫表のブックを閉じたら、「Excelを起動」アクションでブック「注文書」を開きます。このときに、「Excelを起動」アクションの設定でインスタンスを表示するがオンになっていると、Excelブックが実際に表示されます。

図 3-8 「Excelを起動」アクションの設定で「インスタンスを
表示する」をオンにする

7行目にブレークポイントを設定し、再度フローを実行してみます。

図 3-9 フローを実行すると、注文書.xlsx が表示された

注文書.xlsxが表示されました。また、このフローでは注文書.xlsxを開いたあとで「アクティブなExcelワークシートの選択」は省略しています。これは、注文書.xlsxにシートが1枚しかないためです。そういう場合はその1枚が自動的にアクティブになるため、省略することもできます。

次のアクションで変数RowIdxを生成し、値を16としています。これは注文書の16行目から入力していくためです。

次のFor eachのループ以降が転記する処理に当たります。

図3-10 「For each」アクションのループ以降のフロー（8〜17番目）

ループの中をじっくり見ていきましょう。まず8番目の「For each」アクションでは、データテーブルExcelDataから変数CurrentItemに1行ずつデータを取り出し、最後の行までそれぞれ処理していきます。

要件定義とフローチャート

Power Automate

Python

▷ **読み込んだ数字は文字列なので数値に変換**

そして、現在庫数と発注点数を比較するための準備をします。具体的には、「テキストを数値に変換」アクションでCurrentItem['現在庫数']を数値に変換し、変数Quantityに入れます。Quantityというのはここで名前を付けた変数名です。実は、4番目の「Excelワークシートから読み取る」アクションで読み取った値は、すべて文字列として取り込まれています。このため数値として比較するために、文字列の数字を数値に変換する必要があります。

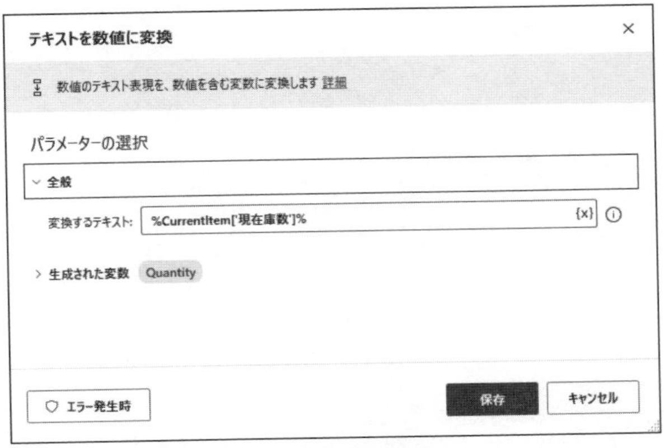

図3-11 「テキストを数値に変換」アクション（フローの9番目）の編集画面

同様にCurrentItem['発注点数']も「数値に変換」アクションで数値に変換して変数Quantity2に入れます。Excelシートから読み込んだ数字は、もとのブックでは数値として扱われていたとしても、Power Automate上ではこのように数値に変換してから比較する必要があります。

11番目のIf文による分岐で、Quantity（現在庫数）がQuantity2

（発注点数）より小さいときに、注文書シートに品名、サイズ、長さ(m)、発注数を順に書き込む処理をします。書き込めたら、変数 RowIdx の値に1を加えて、次の行の処理に備えます（12〜16番目）。

▷ **日付は形式を指定して文字列に変換**

これで、If 文で分岐した処理が終わり、ループの先頭に戻って次の行の処理に移ります。全行の処理を終えたら、ループは完了です。ここからのフローチャートを見てください。

図3-12 「Excel 転記＿在庫表から注文書」フローの終わりの部分（17〜22番目）

18番目の End で For each のループが終わります。ループを抜けたら、「現在の日時を取得」アクションで、今日の日付を取得します。ここでいう「今日」は、フローを実行したときの日付です。

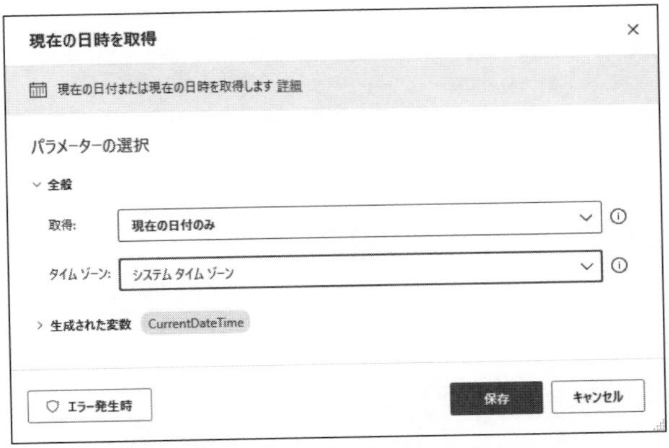

図3-13 「現在の日時を取得」アクションの編集画面

　「現在の日時を取得」アクションは、このアクションが実行されたとき
に、その時点の日時を取得して変数に入れます。ここでは、「現在の日
付のみ」を選択して、日付だけを取得していますが、「現在の日時」を変
更すると時刻も合わせて取得できます。実はdatetimeは現在の日付
を表す数値データなので、「datetimeをテキストに変換」アクションで
文字列に変換します。変換後の文字列は変数FormattedDateに入り
ます。日付の形式には「標準形式」として「長い日付形式」と「短い日
付形式」のいずれかを選べます。ここでは「長い日付形式」を選択し
ました。

図3-14　日付の書式は「長い日付形式」と「短い日付形式」か
　　　　ら選ぶ

　このように、「短い日付形式」を選択した場合は、/で年月日が区切ら
れた形式で文字列化されます。
　いよいよフローも終盤です。この日付を「Excelワークシートに書き
込む」アクションで書き込みます（21番目）。具体的には、セルG1に
変数FormattedDateを書き込むようにしました。日付が書き込まれ
た状態のブック「注文書」を見てください。

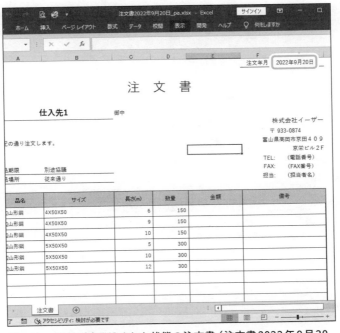

図 3-15　日付が書き込まれた状態の注文書（注文書 2022 年 9 月 20 日 _pa.xlsx）

▷ 保存するファイル名に日付を入れる設定に

最後の「Excelを閉じる」アクションを見てください。

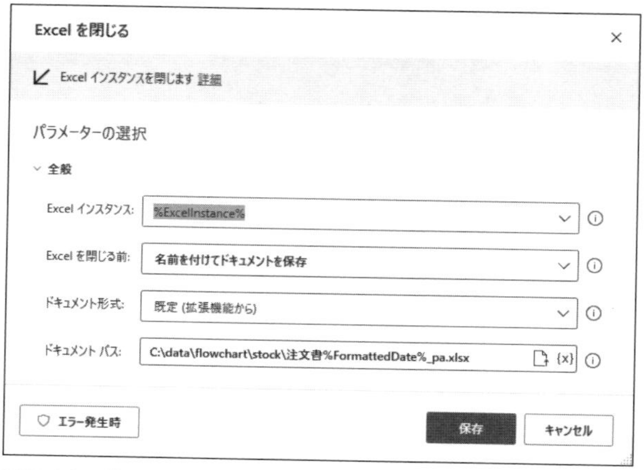

図 3-16 　「Excelを閉じる」アクションで保存するファイル名を設定

　「ドキュメントパス」には、保存するファイル名をフルパスで設定します。このとき

```
C:\data\flowchart\stock\注文書%FormattedDate%_pa.xlsx
```

のように、ファイル名の一部に%FormattedDate%と記述しています。これによりフローの中で設定した変数をファイル名に埋め込んでいます。これを実行することで、「注文書2022年9月20日_pa.xlsx」のような名前でExcelファイルが保存することができます。

Pythonでプログラミング

　ここからはPythonで在庫表から注文書を作成する処理を見ていきましょう。最初にプログラム全体を見てください。

コード3-1　在庫表から注文書を作成するorder_point01.py

```
01  import openpyxl
02  import datetime
03
04
05  STOCK_PATH = r"c:\data\flowchart\stock"
06
07  wb = openpyxl.load_workbook(STOCK_PATH + r"\在庫表
                                                    .xlsx")
08  sh = wb[r"在庫表"]
09
10  rows = []
11  for row in sh.iter_rows(min_row=2):
12      cols = []
13      for col in row:
14          cols.append(col.value)
15      rows.append(cols)
16
17  wb.close()
18
19  wb = openpyxl.load_workbook(STOCK_PATH + r"\注文書
                                                    .xlsx")
20  sh = wb[r"注文書"]
21
22  row_index = 16
23  for cols in rows:
24      if cols[3] < cols[4]:
25          sh.cell(row_index,1).value = cols[0]
```

```
26          sh.cell(row_index,2).value = cols[1]
27          sh.cell(row_index,3).value = cols[2]
28          sh.cell(row_index,4).value = cols[5]
29          row_index +=1
30
31    day_today = datetime.date.today()
32    str_today = day_today.strftime("%Y年%m月%d日")
33    sh.cell(1,7).value = str_today
34
35    wb.save(STOCK_PATH + r"\注文書" + str_today + "_
                                      py.xlsx")
```

　まずは2行目のimport文に注目してください。Pythonで日時を扱うには、標準モジュールであるdatetimeモジュールをインポートすることが必要です。以降は順にプログラムを見ていきながら、datetimeモジュールの使い方について適宜くわしく説明します。

　5行目で変数STOCK_PATHに在庫表.xlsxがあるパスとして

```
c:\data\flowchart\stock
```

を代入しました。以降はこの変数を活用することで読み書きするファイル（ブック）を効率的に記述できます。

　7行目ではload_workbook関数でこのパスにある在庫表.xlsxを読み込んで、ワークブックオブジェクトを変数wbで扱えるようにします。続けて、このワークブックオブジェクトのシート「在庫表」を変数shに取得しました。

　10行目から15行目までは以下の処理を記述したコードです。

　ワークシートオブジェクトであるshに対して、iter_rowsメソッドによりデータが入力されている行を順々にすべて取得します。各行では、

各列の値を順々に読み込み、リスト形式の変数colsに1行の各列の値をappendメソッドで追加します。1行分の値を追加し終えたら、つまり1行分の値を読み込んだら、変数rowsにcolsの値を追加します。colsの値はもともとリスト形式で、かつ複数の行のcolsが並ぶことになるので、変数rowsは二次元のリストになっています。この形式で、変数rowsにはシート「在庫表」上の値がすべて読み込まれます。

　これでブック「在庫表」必要ないので閉じます（17行目）。次にブック「注文書」での処理に移るので、在庫表でブックを開いたときと同様のコードでSTOCK_PATHにある注文書.xlsxを開き、注文書シートを変数shで扱えるようにします（19〜20行目）。

▷ 行データから読み出した値同士で比較する

　以降は、注文書にデータを書き込む処理です。22行目以降のコードをもう一度見てください。

コード3-2　order_point01.pyの後半（22行目以降）

```
22  row_index = 16
23  for cols in rows:
24      if cols[3] < cols[4]:
25          sh.cell(row_index,1).value = cols[0]
26          sh.cell(row_index,2).value = cols[1]
27          sh.cell(row_index,3).value = cols[2]
28          sh.cell(row_index,4).value = cols[5]
29          row_index +=1
30
31  day_today = datetime.date.today()
32  str_today = day_today.strftime("%Y年%m月%d日")
33  sh.cell(1,7).value = str_today
```

```
34
35   wb.save(STOCK_PATH + r"\注文書" + str_today + "_
                                          py.xlsx")
```

　この処理では、シート「注文書」の16行目から書き込みたいので、row_indexを16にします（22行目）。

　23行目からのforループで、二次元リストrowsから1行分の各セルの値を変数colsに取ります。このcolsはリストなので、個別の値を取り出すには

```
cols[2]
```

のように、変数名に続けて[2]のような記述を付ける必要があります。これをインデックスといいます。変数colsに対してはcols[3]が在庫数で、cols[4]が発注点数です。このため、24行目の

```
    if cols[3] < cols[4]:
```

が、在庫数が発注点数を下回っているかの判断です。Power Automateでは読み込んだ値が文字列として扱われるため、それぞれ数値に変換して別の変数に入れ直してから比較していました。でも、Pythonではその処理は不要で、もとが数値なら直接比較できます。

▷ Pythonで変数のデータタイプを調べる

　文字列、数値が出てきたところで、データタイプを調べる方法について説明しておきましょう。

　Pythonではtype関数を使ってデータのタイプを調べることができます。データタイプにはint（整数）型、float（浮動小数点数）型、str（文

字列) 型などがあります。ここまでのコードを例にすると、変数colsに値 (リスト) が代入されたあとで

```
type(cols[3])
```

を実行すると

```
<class 'int'>
```

を返します。cols[4]も同様なので、cols[3]とcols[4]を直接比較ができるわけです。ただし、type関数を実行しただけでは、戻り値を受け取ることはできません。指定した変数のデータ型が何かを自分で確認するためには

```
print(type(cols[3]))
```

のようにしてターミナルに出力して調べましょう。

　if条件が成り立つときに、シート「注文書」にその行の商品情報を記入します。こうして変数rowsのすべての行を処理し終えるとforループを抜けます。

▷ **datetime モジュールで今日の日付を取得**

　このあとは注文書の仕上げです。今日の日付を取得して、セル G1 に書き込む処理とファイル名の一部にしてExcelファイルを保存する処理に進んでいきます。
　31行目に出てくる

```
datetime.date.today()
```

で、冒頭でimportしたdatetimeモジュールを使っています。ここではdateオブジェクトのtoday ( ) メソッドを実行し、今日の日付を返します。Pythonで

```
print(datetime.date.today())
```

を実行すると、「2022-09-20」のように今日の日付を表示できます。少し記述を変えて

```
datetime.datetime.now()
```

とすると、現在の日付に加えて時刻を返します。これもprint関数で出力すると、「2022-09-20 15:34:58.941616」といった値であることを確認できます。

　日付の取得はこれでできるのですが、書式は転記先の書式にそろえたいところです。日付や時刻の書式化にはstrftime ( ) メソッドを使います。その一例として、以下のコードを見てください。

```
day_today = datetime.date.today()
print(day_today.strftime("%Y年%m月%d日"))
```

　このコードでは変数day_todayに今日の日付を取得しました。次の行で

```
day_today.strftime()
```

とstrftime()メソッドで書式を指定します。引数に

"%Y年%m月%d日"

のように書式化コードを渡すと、標準では「2022-09-20」だった日付が「2022年09月20日」という文字列になって返ってきます。

　strftime()メソッドの書式化に使う指示子には、以下のようなものがあります。

表3-1　**strftime()の主な書式化コード**

書式化指示子	内容
%Y	西暦年を4桁で表示する
%y	西暦年の下2桁を表示する
%m	月を2桁で表示する。1桁の数字の場合、0埋め
%d	日を2桁で表示する
%A	曜日名を表示する
%a	曜日名を省略形で表示する

　前述のサンプルコードで使った%YのYを小文字にして%yと記述すると、西暦年の下2桁を表示します。つまり

```
day_today.strftime("%y年%m月%d日")
```

とすることにより、「22年09月20日」という文字列を返します。

　曜日も追加することができます。そのときは、%aや%Aを使います。たとえば

```
day_today.strftime("%Y年%m月%d日(%A)")
```

は「2022年09月20日(Tuesday)」を返します。また

```
day_today.strftime("%y年%m月%d日(%a)")
```

とすると、「22年09月20日(Tue)」を返します。

　話をプログラムに戻しましょう。このように書式化した日付は、sh.cell(1,7)つまりセルG1（1行7列）に書き込みます（33行目）。このときの書式は「2022年09月20日」の形式で、値は32行目の変数str_todayに入っていました。

　この変数はブックを保存するときにも使っています。35行目で保存する際のファイルを指定するコードで

```
r"\注文書" + str_today + "_py.xlsx"
```

といったように、前後の文字列の間に変数名を入れて+で連結しています。文字列をたし算すると、連結になるというわけです。

　このプログラムを実行した結果を見ておきましょう。

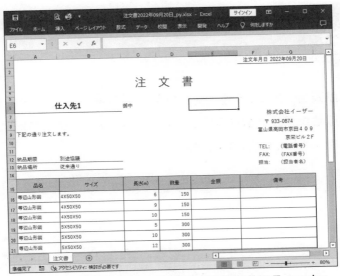

図 3-17　プログラムが作成した注文書 2022 年 09 月 20 日 _py.xlsx

　思った通りの処理ができました！ でも、ちょっと改良したい点があ
ることにも気が付いてしまいました。次のミッションで解決していこう
と思います。

在庫表ブックには発注先別に<u>複数の</u>在庫表シートがあります。在庫数が発注点数を下回っているものをすべて発注先別に注文書シートに転記してください。

　ミッション2では、ブック「在庫表」には1枚しかワークシートがないという前提でした。でも、実際の現場では複数のシートがあるデータになっていることもあるでしょう。そこで、複数シートにも対応したプログラムを考えてみようと思います。

要件定義

　在庫表2.xlsxは複数のシートがある在庫表のブックです。シートが分かれているのは、商品の在庫が仕入先別に入力されているからです。

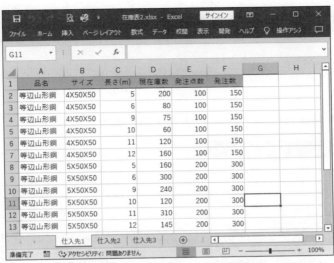

図 3-18　　仕入れ先ごとにシートが分けて在庫数を管理している在庫
　　　　　　表2.xlsx

　各シートの項目はミッション2と同じです。シート名の「仕入先1」、
「仕入先2」、「仕入先3」が仕入先の名前です。このため

・各シートに対応する仕入れ先ごとに注文書を作成する

という要件が加わるのが、ここまでとの違いです。

フローチャートの作成

ミッション2＋のフローチャートを最初から順に見ていきましょう。

図3-19 ミッション2＋のフローチャート（転記処理まで）

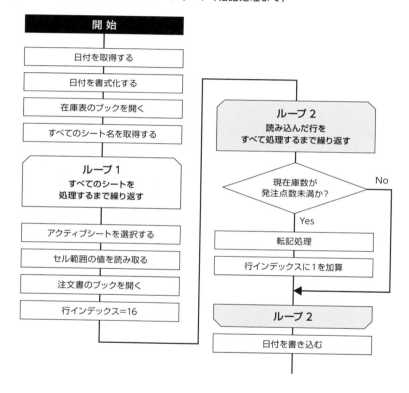

　このフローチャートでは、最初に注文日として今日の日付を取得して、書式化することにしました。次に在庫表のブック（在庫表2.xlsx）を開いたら、ブックに存在するシート名をすべて取得します。そして、ループに入ります。

　このプログラムは二重ループのプログラムです。外側のループ（ルー

プ1）はブックに存在する複数のシートを順に処理するためのループ
です。シート名でシートを選択し、入力されている値をすべて読み取
ります。次に注文書ブックを開くのですが、ミッション2との違いは在
庫表ブックを閉じないことです。シートを順に処理していくので在庫
表ブックは開いたままにして、注文書ブックに書き込みをしていきます。
転記処理は内側のループ（ループ2）の中です。一つのシートのデー
タが入力されているすべての行を処理するまで、ループ2の内容、つま
り「現在庫数が発注点数未満だったら、シート『注文書』に転記する」
は繰り返されます。書き込む注文書シートの行を変えるために行イン
デックスに1を加算します。

　残りのフローチャートも見てみましょう。

図3-20　ミッション2改のフローチャートの終わりの部分

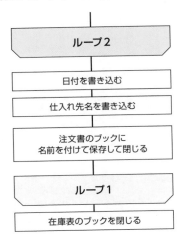

　ループ2を抜けたら、注文書に書式化した日付と仕入先名（在庫表
側でアクティブになっているシート名）を書き込み、注文書のブックに
別名を付けて閉じます。すべてのシートを処理したらブック「在庫表」
を閉じます。これがミッション2＋を解決するプログラムのすべての処

理になります。

Power Automateでフロー作成

このフローチャートをもとに作ったPower Automateのフローがこちらです。

図3-21　「Excel転記_在庫表から注文書改」のフロー（1〜8番目）

ミッション2＋に対応したPower Automateのフロー「Excel転記_在庫表から注文書改」の最初の部分です。

「現在の日時を取得」アクションや「datetimeをテキストに変換」アクションは、位置こそ違いますがミッション2で見たフローと同じですね。

▷ ブック内の全シート名を先に取得する

「Excelの起動」アクションで「在庫表2.xlsx」を開いたら、「すべての
Excelワークシートの取得」アクションを実行します。

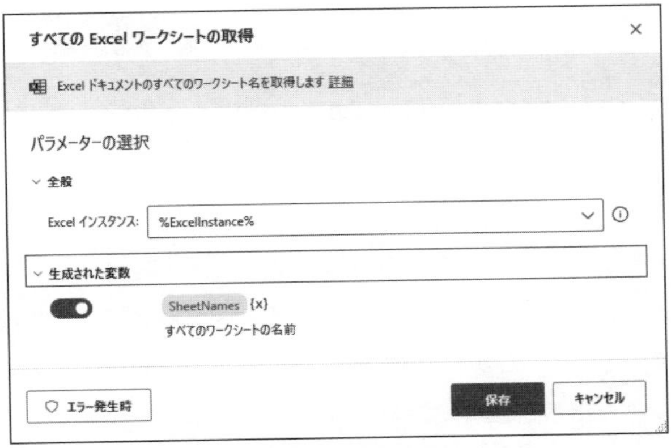

図3-22 「すべてのExcelワークシートの取得」アクションの
編集画面

　これは、SheetNamesという変数にExcelドキュメントのすべての
ワークシート名を取得するというアクションです。フローの3番目で開
いたExcelブックのシート名すべてを変数SheetNamesに取得しま
す。
　試しに5番目のFor eachにブレークポイントを設定して、フローを
実行して変数SheetNamesの値を確認しましょう。

変数の値		×
SheetNames (の一覧テキスト値)		

#	アイテム
0	仕入先1
1	仕入先2
2	仕入先3

閉じる

図3-23　変数SheetNamesの値を確認したところ

　ブレークポイントでフローが停止したら、フロー変数の SheetNamesをダブルクリックします。シート名をインデックス付きで保持していることがわかります。これを次の「For each」アクションで一つずつ取り出して処理していくのです。

　その「For each」アクションで変数SheetNamesからシート名を順々に一つずつ変数SheetNameに取り出します。そして、このSheetNameが示すシートをアクティブにして、最初に出てくる空の列と行を取得し、その手前までのセル範囲の値をすべて変数ExcelDataに読み込みます。ここまでが8番目のアクションまでの処理です。

▷ **転記先がExcelInstance2に変わる以外は同じ処理**

　その先も見ていきましょう。

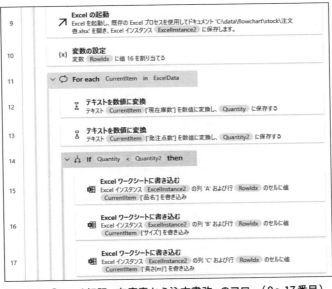

図3-24 「Excel転記_在庫表から注文書改」のフロー（9〜17番目）

　9番目のアクションで、「注文書.xlsx」を開きます。このアクションの
Excelインスタンスの名前がExcelInstance2になっていることから
わかるように、ExcelInstanceである在庫表.xlsxは閉じていません。
つまり、開いたままの状態です。

　10番目から17番目までの転記処理はミッション2と同じですね。書
き込み先がExcelInstanceだったのに対し、今度はExcelInstance2
となっているところだけが違いです。

　ここから先は最後まで説明します。

図3-25 「Excel転記_在庫表から注文書改」のフロー（18～26番目）

　20番目のEndは、14番目のIfに対応するEndです。21番目の
Endは5番目のFor eachに対応しています。内側のループを抜けた
ら、セルG1に今日の日付を書き込み、セルA6に仕入先名（＝シート
名）を書き込みます。そして、このブック「注文書」を保存するときに変
数SheetNameをファイル名の一部に組み込み、別名で保存します。
　プログラムを実行すると、仕入先別に注文書は作成され、在庫表の
仕入先1シートの場合は注文書_仕入先1_pa.xlsxという名前で保存
されます。

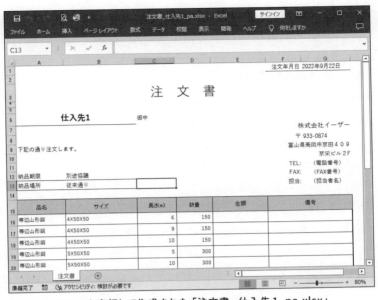

図 3-26　フローを実行して作成された「注文書_仕入先1_pa.xlsx」

　ちなみに、この図を見てわかる通り、仕入先名を転記したセルA6は
もともとセルB6とセル結合してあります。
　ブック「在庫表2」にあるすべてのシートを処理したら、最後に在
庫表2.xlsxを閉じます。在庫表2.xlsxには、仕入先1、仕入先2、
仕入先3と3枚のシートがあるので、実行後には注文書_仕入先1_
pa.xlsx、注文書_仕入先2_pa.xlsx、注文書_仕入先3_pa.xlsxと
いう3通の注文書が作成されます。

▷ Power AutoMateは遅いのでは？

　Power AutoMateのフローを作って、実際に実行した経験がある
なら、「Power AutoMateは遅いのではないか」と思うかもしれません
ね。フローを編集モードで開き、この画面からフローを実行した場合
は、プログラムの進み具合をアクションの背景色を変えることでビジュ
アルに見せてくれるので、どうしても遅くなるようです。

　また、Excelの起動アクションで「インスタンスを表示する」がオン
になっているとワークシートに値が書き込まれている様子を表示しな
がら処理が進んでいくのですが、動作を目で確認できる半面、このよ
うにインスタンスを表示していると実行は遅くなります。

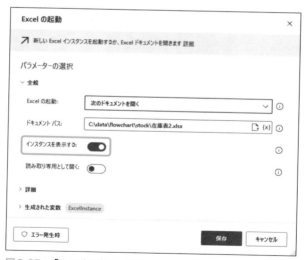

図3-27　「Excelの起動」アクションで「インスタンスを表示
する」がオンになっている状態

　「インスタンスを表示する」をクリックしてオフにしてから、今度は編
集中のフローではなく「フローの一覧」から実行してみてください。「動

作が速くなった」と感じてもらえるはずです。

図3-28 フローの一覧から「Excel転記_在庫表から注文書改」を実行する

Pythonでプログラミング

Pythonのプログラムもフローチャートとほぼ同じです。

コード3-3　ミッション2＋に対応したorder_point02.py

```python
01  import openpyxl
02  import datetime
03
04
05  STOCK_PATH = r"c:\data\flowchart\stock"
06
07  day_today = datetime.date.today()
08  str_today = day_today.strftime('%Y年%m月%d日')
09
10  wb1 = openpyxl.load_workbook(STOCK_PATH + r"\在庫表
                                                2.xlsx")
11
12  for sheet_name in wb1.sheetnames:
13      sh1 = wb1[sheet_name]
14      rows = []
15      for row in sh1.iter_rows(min_row=2):
16          cols = []
17          for col in row:
18              cols.append(col.value)
19          rows.append(cols)
20
21      wb2 = openpyxl.load_workbook(STOCK_PATH + r"\注文書
                                                .xlsx")
```

```
22        sh2 = wb2[r"注文書"]
23
24        row_index = 16
25        for cols in rows:
26            if cols[3] < cols[4]:
27                sh2.cell(row_index,1).value = cols[0]
28                sh2.cell(row_index,2).value = cols[1]
29                sh2.cell(row_index,3).value = cols[2]
30                sh2.cell(row_index,4).value = cols[5]
31                row_index +=1
32
33        sh2.cell(1,7).value = str_today
34        sh2.cell(6,1).value = sheet_name
35
36        wb2.save(STOCK_PATH + r"\注文書_" + sheet_name + "_
                                          py.xlsx")
37        wb2.close()
38
39 wb1.close()
```

order_point01.pyとの違いはそれほど大きくありません。最も異なるのは12行目の

```
for sheet_name in wb1.sheetnames:
```

から始まるfor in文です。wb1.sheetnamesはExcelブックオブジェクトwb1のsheetnamesプロパティを取得します。返ってくる値は

```
['仕入先1', '仕入先2', '仕入先3']
```

のようなシート名のリストです。それを15行目からのfor in文で一つ
ずつ変数sheet_nameに入れてシートを順に処理するわけです。

　もちろん、以下のようにして、12行目のfor in文の前にシート名のリ
ストを変数に入れるような記述をすることもできますし、そうするとフ
ローチャートに沿ったプログラムになります。

```
sheet_names = wb1.sheetnames

for sheet_name in sheet_names:
```

　でも、変数に取り込む意味がほとんどないうえ、コードが冗長にな
るだけなのであまり得策ではありません。

　ミッション2＋では、一つのブックで複数のシートを扱います。この
ためプログラムの中ではどのシートの処理をするのかを指定する必要
があります。Pythonでシート名をもとにシートオブジェクトを変数に
取得するには13行目の

```
    sh1 = wb1[sheet_name]
```

のように記述します。

　また、for in文で取り出したsheetnameは、シートごとの注文書を
別々のブックに保存する際のコード

```
    wb2.save(STOCK_PATH + r"\注文書_" + sheet_name + "_
                                        py.xlsx")
```

でも使っています。これにより、保存するファイルにシート名を埋め
込むことができます。プログラムを実行すると、注文書_仕入先1_
py.xlsxのような名前でExcelのファイルが作成されます。

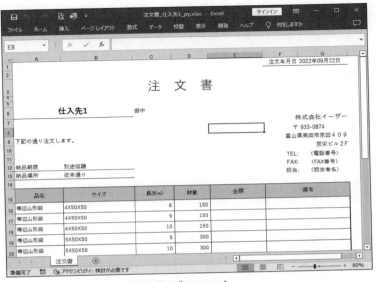

図3-29　作成された「注文書_仕入先1_py.xlsx」

▷ リストを操作するコード

　ここまで頻繁にリストを操作する処理が出てきました。Pythonの
プログラムではリストは頻繁に使います。そこで、ここからはミッション
から離れて、リストを扱う際に知っておきたいコードについてくわしく見
ていきましょう。

　ここまでで出てきたコードでは、たとえば

```
cols.append(col.value)
```

や

```
rows.append(cols)
```

はリストのappendメソッドを実行してリストに要素を追加するコード
です。append以外にもさまざまなメソッドが用意されています。

　こうしたリストを操作するためのメソッドは、リストオブジェクトのメ
ソッドです。

表3-2　リストオブジェクトの主なメソッド

メソッド	処理の内容
appendメソッド	リストの末尾に値を追加する
insertメソッド	リストの指定した位置に値を追加する
delステートメント（命令）	リストの特定の要素を削除する
popメソッド	リストの特定の要素を削除する
indexメソッド	リスト内で指定した値を持つ要素のインデックスを返す
sortメソッド	リストを並べ替える
reverseメソッド	リストを逆順に並べ替える
copyメソッド	リストをコピーする

　リストにはこのようにたくさんのメソッドがありますが、代表的なも
のを実際のプログラムで使った例を見てみましょう。

コード3-4　appendやinsert、popメソッドを使ったlist_01.py

```
01  squares = []
02  for i in range(1,10):
03      squares.append(i**2)
04  print(squares)
05  squares.insert(6,44)
06  print(squares)
07  squares.pop(6)
08  print(squares)
```

このlist_01.pyではまず、

```
squares = []
```

として空のリストを作成します（1行目）。2行目の

```
for i in range(1,10):
```

では、range関数に引数として開始値に1、終了値に10を渡していま
す。これでiの値は1から10の手前の9まで変化します。1＜＝i＜10
という関係です。
　このループの中で、リストのappendメソッドによりi**2（iの二乗）
を計算し、その結果をsquaresリストに追加します（3行目）。ループ
を出たあと、print関数でsquaresを出力すると（4行目）

```
[1, 4, 9, 16, 25, 36, 49, 64, 81]
```

というリストが表示されます。つまり、appendメソッドはリストの後ろ
に新しい値を追加していくという処理をするわけです。
　5行目で記述したinsertメソッドは、リストの指定した位置に指定
した値を追加します。

```
squares.insert(6,44)
```

を実行したあとの

```
print(squares)
```

の結果は、

```
[1, 4, 9, 16, 25, 36, 44, 49, 64, 81]
```

になります（6行目）。
　popメソッドはリストから特定の要素を削除します。7行目の

```
squares.pop(6)
```

を実行すると、squaresの値は

```
[1, 4, 9, 16, 25, 36, 49, 64, 81]
```

と、5行目のinsertメソッドを実行する前に戻ります。
　Pythonにはこのように連続したデータを保持する仕組みとして、リストのほかにタプルがあります。タプルは角かっこ［　］ではなく、次のように丸かっこ（　　）で要素を囲みます。

```
(1, 4, 9, 16, 25, 36, 49, 64, 81)
```

　リストはミュータブルなので、list_01.pyのように値を追加したり、削除したり、変更したりできます。一方、タプルはイミュータブルなので、一度作成したら値の追加や削除など、その内容を変更することができません。タプルは固定的な値の配列です。リストは柔軟に操作できます。このため、内容を変更したくない配列はタプルにする、プログラムの途中で適宜値を書き換える配列はリストにする、という使い分けをします。

要件定義とフローチャート Power Automate Python

リストの値を範囲で操作するスライス

list_01.pyでリストの値を編集するコードを使ってみたので、今度は
リストの値を読み取るコードを見てみましょう。

コード3-5　リストを読むメソッドを使った list_02.py

```
01  squares = []
02  for i in range(1,10):
03      squares.append(i**2)
04
05  a = squares[0]
06  b = squares[2:5]
07  c = squares[:4]
08  d = squares[5:]
09  print(a)
10  print(b)
11  print(c)
12  print(d)
```

リストはインデックスで要素を操作できるだけでなく、スライス操作
ができます。スライス操作はひと言でいうと、リストから一部の範囲を
切り出す操作です。リストの一部からリストを作るといった処理が簡
単な記述でできます。
　たとえば、list_02.pyではlist_01.pyと同じように

```
[1, 4, 9, 16, 25, 36, 49, 64, 81]
```

という要素を持つリスト形式の変数squaresを作りました。この変数

に対して

```
squares[0]
```

という記述で変数aに要素を取り出し、print関数で出力すると1と表示されます。リストのインデックスは0から始まります。このため、[0]とインデックスを指定することにより、リストの最初の要素を取り出せました。

範囲を指定して要素を取り出コードが6行目から8行目です。まず、

```
squares[2:5]
```

は

```
[9, 16, 25]
```

を返します。繰り返しになりますが、インデックスは0から始まるので、「2:5」とすると「3番目から6番目の手前（＝5番目）まで」を意味します。7行目の

```
squares[:4]
```

では、範囲の始点を省略しました。これにより「（最初から）5番目の手前まで」という指定になり、

```
[1, 4, 9, 16]
```

のように先頭から4個分の要素を返します。逆に終点を省略した

```
squares[5:]
```

はインデックス番号の5から最後までを取得します。

▷ インデックスと値を同時に取り出すenumerate関数

リストを効率よく扱うための関数もあります。enumerate関数はリストからインデックスと値を取得したいときに使います。この関数を使ったプログラムで、どういう使い方ができるのかを見てみましょう

コード3-6 enumerate関数を使ったリスト操作（list_03.py）

```
01   squares = []
02   for i in range(1,10):
03       squares.append(i**2)
04
05   for i,value in enumerate(squares):
06       print(i,value)
07
08   code_lst = [1001,1002,1003]
09   name_lst = ["支払先1","支払先2","支払先3"]
10   for tpl in zip(code_lst,name_lst):
11       print(tpl)
```

3行目までは、リスト形式の変数squaresを生成するコードです。コード3-4、コード3-5でも出てきました。続く、5行目でenumerate関数をfor inループで使っています。これがどういう動作になるかは、実行結果を見るのが最もわかりやすいでしょう。

```
0 1
1 4
2 9
3 16
4 25
5 36
6 49
7 64
8 81
```

　各行の左が5行目の

```
for i,value in enumerate(squares):
```

により変数squaresから取り出したインデックスで、これは変数iに格納されています。これにより、6行目の

```
    print(i,value)
```

で値を二つ並べて出力する際に、左側に表示されるわけです。
　同様に、valueが変数squaresに格納されている値です。このように、enumerate関数を使うことにより、インデックス番号とそれに対応する値を同時に取り出すことができます。

▷ 複数のリストをまとめて扱うzip関数

　複数のリストをまとめたいときはzip関数を使います。list_03.pyの10行目では

```
zip(code_lst,name_lst)
```

として異なるリストを引数に指定して実行しています。すると指定したリスト同士を文字通りzip（ジップ）してくれます。変数code_lstは支払先コード、name_lstは支払先の名称のリストという想定で作っています（8〜9行目）。

　その実行結果をfor in文で取り出すと、この例では支払先のコードと名称を組み合わせたタプルが返ってきます。

```
(1001, '支払先1')
(1002, '支払先2')
(1003, '支払先3')
```

▷ ループの記述で配列を生成するリスト内包表記

　Pythonらしいと言われる構文の一つにリスト内包表記があります。これも使いこなせるようになると、少ない行数でリスト形式のデータを作ることができます。たとえば、本章ではここまで、変数squaresに1から順に二乗した数を追加していくコードは

```
squares = []
for i in range(1,10):
    squares.append(i**2)
print(squares)
```

ようにコーディングしていました。リスト内包表記を使うと、同じ処理を以下のように書くことができます。

コード3-7　リスト内包表記を使ったコードの例 (list_04.py)

```
01   squares = [i**2 for i in range(1,10)]
02   print(squares)
```

　このプログラムを実行すると、2行目のprint関数の出力結果は

```
[1, 4, 9, 16, 25, 36, 49, 64, 81]
```

になります。今までのプログラムと同じことができましたね。
　リスト内包表記では、

```
lst = [式 for 変数 in イテラブル・オブジェクト]
```

とリストを簡潔な表記で作成できます。イテラブル・オブジェクトとは
繰り返し値を返すオブジェクトです。リストはもちろん文字列も実はイ
テラブル・オブジェクトの一種です。list_04.pyの1行目では、range
オブジェクトのことです。

> > > > > > > > > >

　本書ではミッション形式で仕様を積み上げるシナリオでプログラム
を作成していますが、実務ではいきなり複雑な要求が降ってきます。
でも、一見複雑な要求だと思っても、冷静に簡単な仕様にブレイクダ
ウンして（噛み砕いて）、プログラムを作成できたときの爽快感はプロ
グラマーならではのものだと、個人的には思っています。複雑な要求
は一度バラバラにして、フローチャートに組み直せばよいのです。

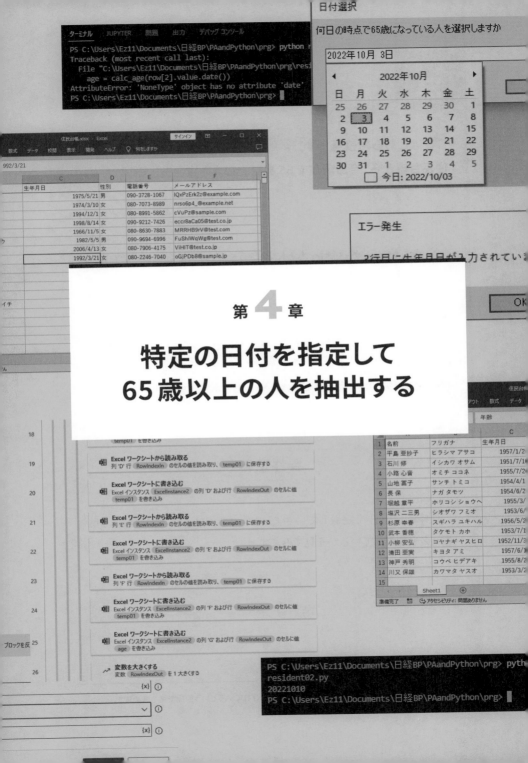

第4章

特定の日付を指定して
65歳以上の人を抽出する

ここはとある村役場です[1]。
住民台帳から、今日現在で65歳以上の人を抜き出してください。

今回のテーマは、日付をもとにしたデータの抽出です。決算や締め日、有効期限や申し込みなどの締め切り日など、日付が何らかの基準になる機会はビジネスでも少なくありません。その場合、日付をどのような条件で扱うかはデータによって、あるいは同じデータを対象とするときでも状況によって異なります。本章では日付をプログラムの中でどのように取り扱えばプログラムを作れるか、そしてミッションを達成できるか、具体的な方法を見ていきたいと思います。

要件定義

具体的に要件を定義していきましょう。まずは、現状でどのようなデータを管理しているかを見てみます。

---

[1] ここでは架空の地方自治体で、架空の環境が構築されているという前提で話を進めます。

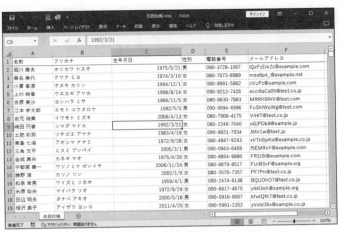

図 4-1　もととなる住民のデータベース（住民台帳 .xlsx）

このデータを見ると、次のような仕様になっています。

- ・住民台帳は Excel のブックとして保存されている
- ・このブック「住民台帳」にあるシートは1枚だけで、その名前は「住民台帳」である
- ・シート「住民台帳」のC列には生年月日が西暦で記入されている

さて、これをもとにどのような処理をすべきか、考えてみます。

- ・シート「住民台帳」のC列にある生年月日で年齢を計算する
- ・「今日現在で65歳以上」という条件に合う住民の一覧を、「住民台帳_現在65歳以上.xlsx」という名前のファイルに保存する
- ・ひな形になるブックはないため、新規にブックを作成する

　大まかに要件をまとめると、こんなところでしょうか。もっと細かく要件を定義していくこともできますが、フローチャートと重複してくると

ころが出てくるので、ここではフローチャートに進もうと思います。

フローチャートの作成

　ミッション1やミッション2と比べると、住民台帳には多くのデータが登録されています。このため、似たような処理になりそうですが、これまでとは違ったフローチャートになりました。

図4-2　65歳以上の人を選び出すフローチャートの前半から中盤

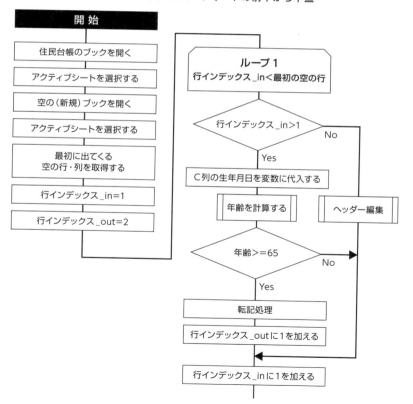

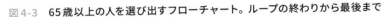

図4-3　65歳以上の人を選び出すフローチャート。ループの終わりから最後まで

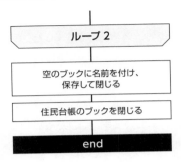

　ミッション1、ミッション2を思い出してください。読み込み側の
Excelブックを開いて、シート上のデータをすべて読み取り、開いてい
た読み込み側のExcelブックをここで閉じて、それから書き込み側の
Excelブックを開くというフローチャートになっていました。

　でも、今回のミッション3の場合、取り扱うのは住民のデータベー
スですからデータ件数が非常に多いことが予想されます。このため、
シート上のデータをあらかじめすべてメモリーに読み込むという設計に
は無理があります。そこで、次のように処理を進めることにしました。

　最初にブック「住民台帳」を開いてアクティブシートを選択したら、
そのまま空のブックを新規に開きます。この新規ブックに条件に合う人
（今日現在で65歳以上）のデータを書き込んでいくわけです。ブック
の操作をしたあとの「最初に出てくる空の行・列を取得する」はPower
Automateで実装する場合に必要な処理なので、フローチャートの中
に組み込みました。

▷ 読み込み用と書き込み用に2種類の行インデックス

　次に行インデックスを2個用意します。一つは、読み込み元である
住民台帳のブックで開いているシートで、読み込む行を示すインデック
スです。これをフローチャートでは「行インデックス_in」としました。

もう一つは、条件に合ったデータを書き込むときに、その位置を示すインデックスです。空のブックにあるシート上の行を指すインデックスで、ここでは「行インデックス_out」としました。

　ループ1では行インデックス_inが最初の空の行より小さいうちは、ずっと繰り返します。

　次に行インデックス_inの値で分岐します。行インデックス_inはループに入る前に1にしています。このため最初は「行インデックス_in＞1」という論理式の結果は偽（False）になります。これはつまり1行目が処理の対象ということになるので、そのときはヘッダー編集処理を実行します。

　ループの中で行インデックス_inには1を足すので、ヘッダー編集処理はループの1周目に1回だけ実行されます。2周目以降は「行インデックス_in＞1」が常に真（True）なので、同じ分岐では必ずYes側に処理が進んでいきます。

　Power AutomateではC列の生年月日を変数に入れた上で、年齢計算処理を実行します。計算した年齢（age）が65以上なら、転記処理を実行して書き込み行を示す行インデックス_outに1を足します。Pythonではこのプロセスは特に必要ではありません。その場合にどうコーディングするかは、Pythonプログラムのところで説明します。

▷ サブフローと関数を活用する方針で

　Power Automateでいうと、Mainのアクション数が多くなるので年齢計算や名前、フリガナ、生年月日、性別、電話番号、メールアドレスといったヘッダー項目の編集処理はサブフローにします。Pythonでは関数にします。サブフロー、関数は初めて扱いますね。今回のプログラムで挑戦してみましょう。

　シート「住民台帳」に入力されているデータをすべて処理してループを抜けたら、新規ブックに「住民台帳_現在65歳以上」という名前を

付けて保存して、閉じます。最後にブック「住民台帳」を閉じます。このように、二つのExcelブックが処理の間中、開いた状態であることがこれまでのミッションとの違いです。

Power Automateでフロー作成

では、このフローチャートを踏まえて、Power Automateで作成したフローをくわしく見ていきましょう。まずは、サブフローを使う方針にしたと説明したばかりなので、そのサブフローについて説明します。

今回のフロー「Excel転記_住民台帳」の編集画面を見てください。

図4-4　「Excel転記_住民台帳から65歳以上」フローの編集画面

ここで、アクションが並んでいる領域のすぐ上を見てください。Mainに加えてcalc_age、edit_headerというタブがあります。これらがサブフローです。

サブフローを作成するには、タブの左端にある「サブフロー」をクリックします。開いたメニューから「新しいサブフロー」を選びます。

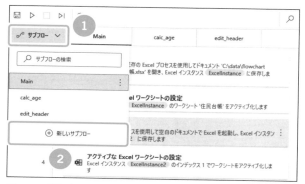

図4-5　「サブフロー」を開いて「新しいサブフロー」をクリック

　すると、「サブフローの追加」画面が開くので、サブフロー名を入力して保存を選びます。

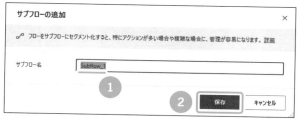

図4-6　サブフローに名前を付けて保存する

　では、それぞれのフローをMainフローから順に見ていきましょう。

図4-7　Mainフローの詳細（9番目まで）

　最初のアクションでExcelを起動し、住民台帳.xlsxを開くのは、こ
れまでもよく見てきたアクションです。次の、シート「住民台帳」をアク
ティブにするアクションもこれまで何回か出てきました。

▷ 新規のブックでExcelを起動する設定に

　3番目のアクションにした、空白ドキュメントでExcelを起動する処
理については、くわしく見ておきましょう。「Excelの起動」アクションの
編集画面でこれまでにない設定が必要です。

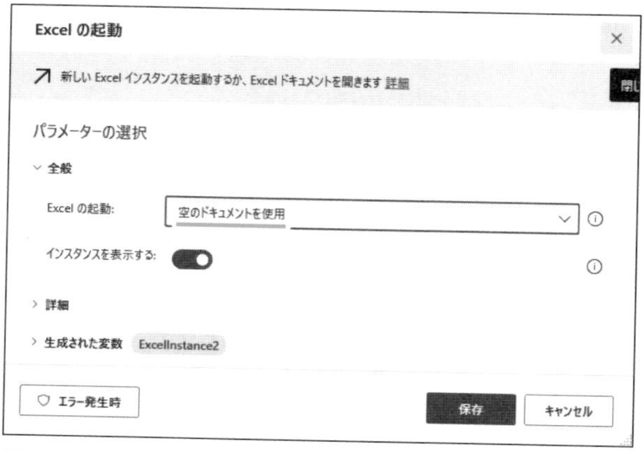

図 4-8 「Excelの起動」に「空のドキュメントを使用」を指定
する

　具体的には、「Excelの起動」で「空のドキュメントを使用」を選び
ます。これで新規ブックの作成と同じ意味になります。生成される変
数はExcelInstance2です。Excelのインスタンスにはすでに住民台
帳.xlsxがあり、この新規ドキュメントが2番目になるからですね。

　次の「アクティブなExcelワークシートの設定」アクションでは、イ
ンデックスに1を指定してワークシートをアクティブにしています。これ
で、Excelで新規にブックを作成した際、そのブックに自動的に作成さ
れる1枚のシートを選択したという状態になります。

　フローチャートでは「行インデックス_in」と表記していた行インデッ
クスをPower AutomateではRowIndexInと設定して値に1を入れま
した。同じくフローチャートでは「行インデックス_out」と表記してい
た書き込み用の行インデックスには変数RowIndexOutを作り、2を
入れています。

「ループ条件」アクションでループを作る

　次のループの作り方がこれまでと違います。これまでのミッションで

188

は「For each」アクションでループを作成していましたね。DataTable
からすべての行を取り出して繰り返し同じ処理するイメージです。ミッ
ション3のフローではループ条件アクションを使います。ループを繰り
返すのに条件を使うためです。

この条件は、

```
RowIndexIn < FirstFreeRow
```

です。FirstFreeRowは「最初の空の行」のことです。上記の条件が成
り立つ間繰り返すという意味です。これにより、データが入力されてい
るセルがある行は繰り返しすべて処理することができます。

条件のところにWhileと書いてあります。何らかのプログラミング言
語を勉強したことのある人なら、Whileには見覚えがあるのでは？ こ
れは、プログラミング言語のほとんどに用意されているWhile文と同
等のアクションです。While文では条件式を記述することにより、そ
の条件式が真（True）であるうちは繰り返すという動作を表現します。
Power Automateの「ループ条件」アクションもそれと同じです。詳
細を見てみましょう。

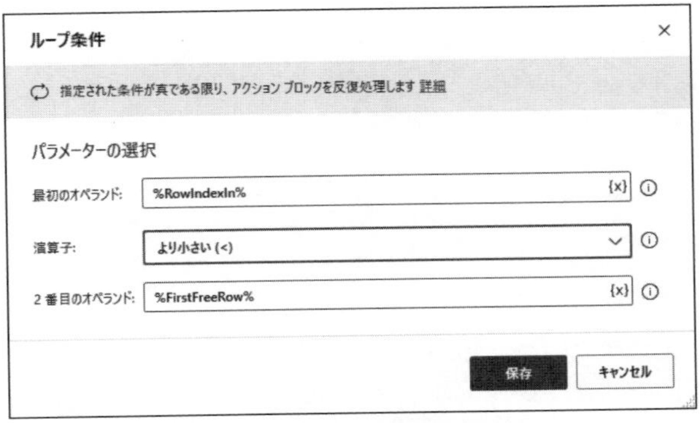

図4-9　「ループ条件」アクションの編集画面

189

「最初のオペランド」と「2番目のオペランド」を演算子で比較します。ここでは「最初のオペランド」は変数RowIndexInで「2番目のオペランド」は変数FirstFreeRowです。演算子は「より小さい」（＜）を選びます。これによりRowIndexIn＜FirstFreeRowが成り立つ間、このループ内の処理を繰り返すわけです。

　「オペランド」という言葉が出てきました。プログラマーでない人にちょっとわかりにくいのではないかと思います。フローとかループという言葉は通常の会話の中でも使われるようになった印象がありますが、オペランドはまだ敷居が高いですね。

　オペレーターならどうでしょうか。これならなじみはありそうです。実は、プログラミングではoperator（オペレーター）に対応する日本語は「演算子」です。オペレーターだから「演算するもの」つまり「演算子」というわけです。

　それに対し、ピッタリ対応する日本語がないというか、難しくなってしまうのがoperand（オペランド）です。被演算子（ひえんざんし）と訳されることもありますが、演算を被る（こうむる）ものという意味で少し時代がかった表現になってしまい、かえってわかりにくい訳語かもしれません。ope(オペ)されるものがオペランドです。

　演算子はいろいろ選択することができます。

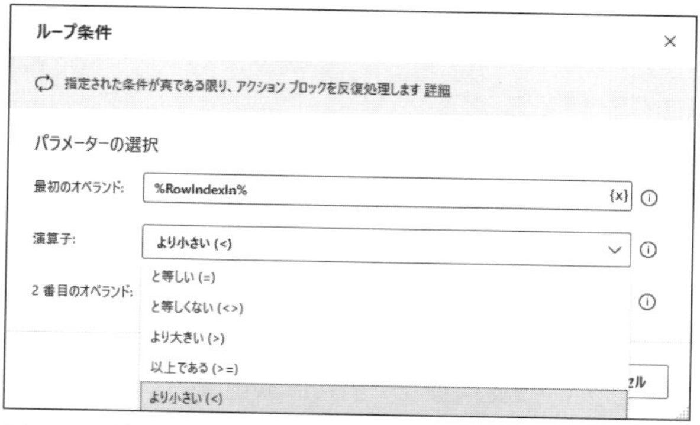

図4-10　**演算子は6種類から選択できる**

▷ 2種類の処理を条件により切り替える

　次にIf条件の分岐アクションがあります。RowIndexIn > 1で RowIndexInが1より大きいときの処理が続きます。少しわかりにくいので、ここでループ条件の中の処理のあらすじをつかんでしまいましょう。

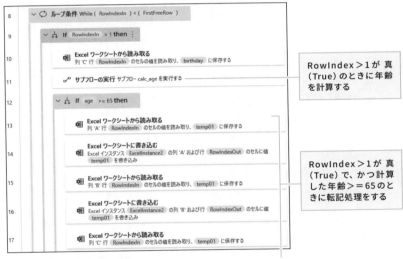

8	∨ ○ ループ条件 While (RowIndexIn) < (FirstFreeRow)	
9	∨ 屮 If RowIndexIn > 1 then :	
10	🢒 Excel ワークシートから読み取る 列 'C' 行 RowIndexIn のセルの値を読み取り、birthday に保存する	
11	🖉 サブフローの実行 サブフロー calc_age を実行する ───	**RowIndex>1が 真（True）のときに年齢を計算する**
12	∨ 屮 If age >= 65 then :	
13	🢒 Excel ワークシートから読み取る 列 'A' 行 RowIndexIn のセルの値を読み取り、temp01 に保存する	
14	🢒 Excel ワークシートに書き込む Excel インスタンス ExcelInstance2 の列 'A' および行 RowIndexOut のセルに値 temp01 を書き込み	
15	🢒 Excel ワークシートから読み取る 列 'B' 行 RowIndexIn のセルの値を読み取り、temp01 に保存する	**RowIndex>1が 真（True）で、かつ計算した年齢＞＝65のときに転記処理をする**
16	🢒 Excel ワークシートに書き込む Excel インスタンス ExcelInstance2 の列 'B' および行 RowIndexOut のセルに値 temp01 を書き込み	
17	🢒 Excel ワークシートから読み取る 列 'C' 行 RowIndexIn のセルの値を読み取り、temp01 に保存する	

図4-11　ループ条件の詳細

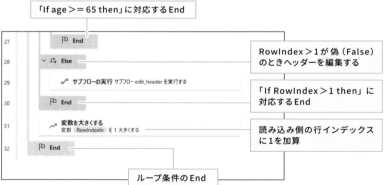

図 4-12　ループ条件の詳細

　「If RowIndexIn > 1 then」アクションの分岐には、これまでのフ
ローと違い Else があります。これにより二方向の分岐になります。具
体的には、

```
If RowIndexIn > 1
```

が成り立つとき、つまり真 (True) のときは、thenに続く部分、すなわち年齢を計算する処理が実行されます。年齢を計算する処理では、最初にC列のRowIndexIn行のセルの値 (生年月日) を変数birthdayに入れます。

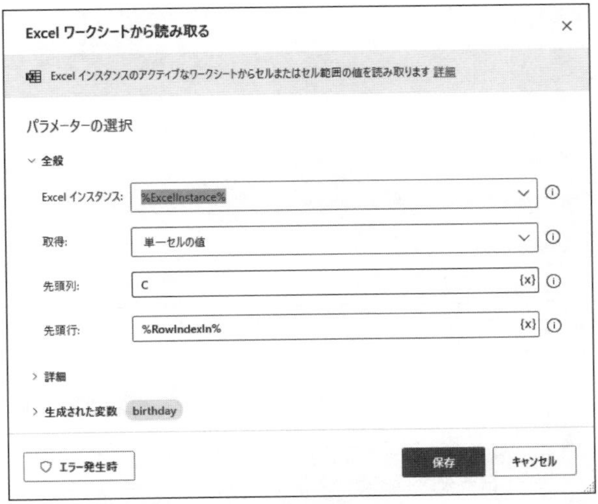

図 4-13　年齢計算のために生年月日の値を「Excelワークシートから読み取る」アクションで取得する

　このアクションで「Excelインスタンス」にはブック「住民台帳」のインスタンスであるExcelInstanceを選択します。テキストボックス右端にある下向きの矢印 (ドロップダウンリスト) をクリックして選択できます。「取得」では「単一のセルの値」を選択します。「先頭列」に生年月日が入力されている列番号の「C」、「先頭行」には読み込み側インデックスであるRowIndexInを指定します。それぞれテキストボックス右端にある { x } をクリックすると、変数を一覧から選択することがで

きます。「生成された変数」では、変数の名前を指定します。この図で「birthday」としたようにわかりやすい名前を設定します。

▷ 年齢計算とヘッダー作成をサブフローとして呼び出す

次に年齢を計算しますが、前述の通り、この処理はサブフローに分けることにしました。そこでサブフローを指定して実行します。それには「サブフローの実行」アクションを配置し、その中でどのサブフローを実行するかを指定します。これもドロップダウンリストから選択できます。

図4-14 「サブフローの実行」アクションでは、どのサブフローを実行するかを指定する

次のアクションが12番目の「If age >= 65 then」アクションです。ここでageが65以上だったら、thenに続くアクションを実行するという判断をします。ageにはcalc_ageサブフローで生年月日から求めた年齢が入っています。このIf条件分岐にはElseはありません。27行目のEndで終わっています。つまり条件に合わなかったら、何もせずに先に進むという動作になります。

If age >= 65が真（True）のときの処理を見てください。このIf条件分岐はネストしています。ネストというのもあまり良い日本語訳のな

い言葉です。この条件分岐は、フローの9番目にあたる条件分岐である If RowIndexIn＞1の入れ子になっています。このような二重あるいはそれ以上の多重構造のことを「ネスト」、多重構造になっていることを「ネストしている」といいます。If RowIndexIn＞1が真でないと、If age＞＝65の条件分岐にたどり着きません。このため、If age＞＝65が真のときに実行される転記処理は、If age＞＝65だけでなく If RowIndexIn＞1も真のときにのみ実行されるということになります。

13番目以降のフローでは、「読み取る」と「書き込む」のペアが続きます。読み取るのは ExcelInstance が示すブック「住民台帳」のシート「住民台帳」の RowIndexIn が指す行の各セルの値です。

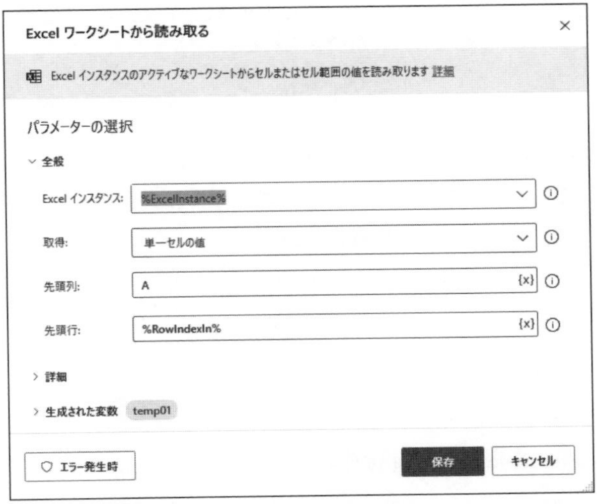

図4-15 「Excelワークシートから読み取る」アクションの詳細（A列の場合）

書き込むのは ExcelInstance2 が示す新規ブックのインデックス1のシートの RowIndexOut が指す行のセルです。

図4-16 「Excelワークシートに書き込む」アクションの詳細
（図4-14に対応したアクション）

　読み取ったセルの値を書き込むまで記憶しておくのに使う変数には
temp01という名前を付けました。このようにして1行分のセルについ
て「読んでは書いて」を繰り返すわけです。

　最後にG列に年齢を書き込んだら、RowIndexOutに1を加算しま
す。次のループで、この次の行に書き込むためですね。次のEndでIf
age＞＝65の条件分岐が終わります。

　次に、If RowIndexIn＞1が偽（False）だった場合を見ていきま
しょう。その場合は28行目のElseの中に入れた「サブフローの実行」
アクションにより、サブフローのedit_headerが実行されます。edit_
headerは、新規ブックに名前、フリガナ、生年月日、性別、電話番号、
メールアドレス、年齢といったヘッダーの項目名を入力するサブフロー
です。

　次のEndでIf RowIndexIn＞1 then（9番目のアクション）から
Else…（28番目のアクション）にかけて設定した、二方向の条件分岐
フローが終わります。

　edit_headerサブフローを実行した場合でも65歳以上の人のデータを1行分入力した場合でも、シート「住民台帳」の次の行を読むためにはRowIndexInに1を足す必要があります（31番目）。

　32番目のEndはループ条件のEndです。何度も処理を繰り返しRowIndexInがFirstFreeRowより小さいという条件が偽（False）になったら、このループを抜け、先のフローに進みます。

　ループを抜けたら、開いていたExcelインスタンスを両方とも閉じます。

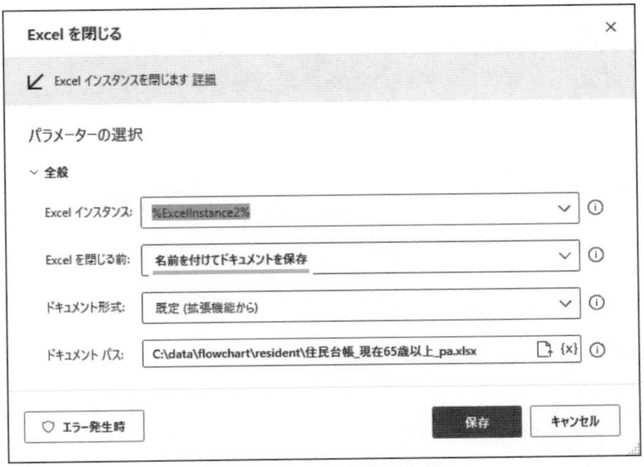

図4-17　書き込み側のブックは新規に開いたので「Excelを閉じる」アクションの設定でファイル名を指定する

　ExcelInstance2を閉じるときは、新規ブックなので「ドキュメントパス」に保存する際のファイル名として「住民台帳_現在65歳以上_pa.xlsx」という名前を付けるよう設定します。一方、ExcelInstanceは読み込み側なので、閉じるだけです。

　フローを実行すると、次の図のように65歳以上の人のデータが転記されていることが確認できます。

	A	B	C	D	E	F	G
1	名前	フリガナ	生年月日	性別	電話番号	メールアドレス	年齢
2	平島 亜抄子	ヒラシマ アサコ	1957/1/20 0:00	女	080-6763-3351	YuO_kJ@example.co.jp	65
3	石川 修	イシカワ オサム	1951/7/10 0:00	男	090-2765-2064	PprYa@sample.co.jp	71
4	小路 心音	オミチ ココネ	1955/7/26 0:00	女	090-4470-6978	WZ2lvaT@test.com	67
5	山地 冨子	サンチ トミコ	1954/4/15 0:00	女	090-6274-4487	HM9qhYk@test.jp	68
6	長 保	ナガ タモツ	1954/6/26 0:00	男	080-1371-1845	w7acfrY@sample.net	68
7	堀越 章平	ホリコシ ショウヘ	1955/3/5 0:00	男	090-8734-9225	YsJoi7wjU4@example.net	67
8	塩沢 二三男	シオザワ フミオ	1953/6/2 0:00	男	090-8130-7630	rUqILk@sample.jp	69
9	杉原 幸春	スギハラ ユキハル	1956/5/26 0:00	男	090-1704-8003	gnj3xV8q@example.org	66
10	武本 香穂	タケモト カホ	1953/7/15 0:00	女	080-3062-1598	KmOjVXLQ@example.com	69
11	小柳 安弘	コヤナギ ヤスヒロ	1952/11/30 0:00	男	090-1502-8704	G9iS4AYrK@test.net	69
12	滝田 亜実	キヨタ アミ	1957/6/10 0:00	女	090-1324-8669	riBDg8ndk@sample.co.jp	65
13	神戸 秀明	コウベ ヒデアキ	1955/8/20 0:00	男	080-3494-5885	rw7K3@example.org	67
14	川又 保雄	カワマタ ヤスオ	1953/3/20 0:00	男	090-6812-9027	VPoVbHk0@test.com	69
15							

図4-18　フローを実行して生成された住民台帳_現在65歳以上_pa.xlsx

　前章でも触れましたが、フローを編集する画面を開いた状態で実行すると、フローの実行状態をわかりやすく見せるためにとても時間が掛かります。編集画面を閉じて、フローの一覧画面から実行すると高速に実行できます。

サブフローの作成

　ここまでは呼び出すことの説明しかしてこなかったサブフローに目を向けたいと思います。実際の手順では、Mainで呼び出すアクションを編集する前にサブフローを作ります。サブフローを完成させていなくてかまいませんが、サブフローの名前は決めておく必要があるためです。サブフローには、書き込む先のシートにヘッダーを作成するedit_headerと、年齢を計算するcalc_ageを用意します。このうちedit_headerは比較的単純なサブフローです。そのフローについて見

てみましょう。

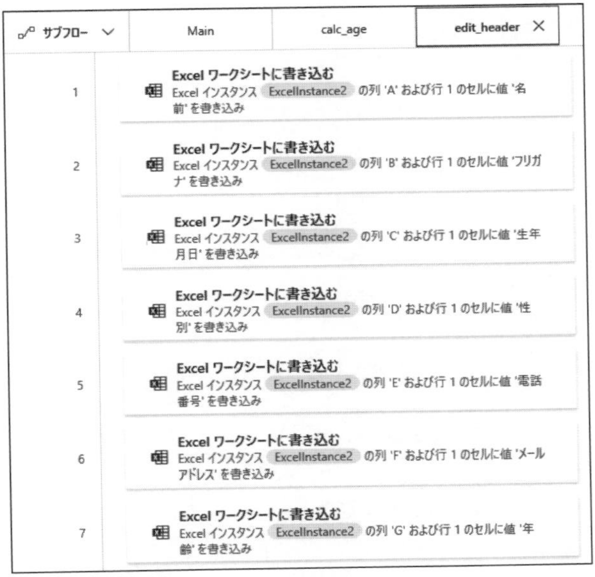

図4-19 **edit_header** サブフロー

　ExcelInstance2が示す新規ブックのセルA1に「名前」という文字列、セルB1に「フリガナ」、セルC1に「生年月日」と入力し、以降はセルG1に「年齢」と入力するまで各列に応じた項目名が入るよう各セルを編集していくだけのサブフローです。プログラミングの用語でいうと関数というよりサブルーチンに近いです。

▷ 日付を取得して計算可能な値に変換する

　それに対して、生年月日から年齢を求めるcalc_ageサブフローは少し複雑です。

図4-20　calc_age サブフロー

　大まかにいうと、変数birthdayに入っている生年月日と現在の日付を比較して求めた年齢を変数ageに入れるという処理です。

　まず、「現在の日時を取得」アクションで現在の日付を変数todayに入れます。編集画面の「取得」では「現在の日時」と「現在の日付のみ」を選べますが、ここでは時間は必要ないので、「現在の日付のみ」を選択します。

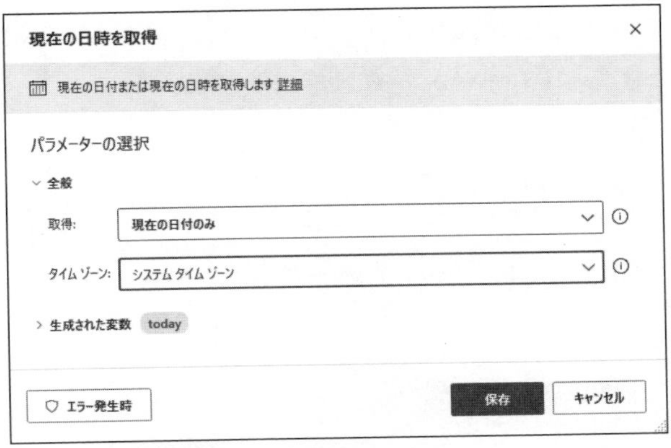

図4-21 「現在の日時を取得」アクション

　次に変数todayに入れた日付を書式化します。それには「datetime
をテキストに変換」アクションを使います。ここでyyyyMMddという
書式を指定します。どのように書式化されるかはサンプルの表示を見
てみましょう。この書式で年を4桁、月を2桁、日を2桁に書式化しま
す。この値を変数FormattedTodayに入れます。アクション名から
もわかる通り、このとき変数FormattedTodayのデータ型はテキスト
（文字列）型です。

図4-22 「datetimeをテキストに変換」アクション

　同様に変数birthdayに格納した生年月日も書式をそろえる必要が
あります。このあたりがちょっとややこしいのですが、変数birthday
のデータ型はテキスト型です。第3章でも触れましたが、Power
AutomateでExcelのセルから変数に読み込んだ場合は、もとのセル
がどんな種類の値であったとしてもすべてテキスト型で読み込まれ
ます。このため、生年月日を日時として書式化するためには、その前に
「datetimeに変換」アクションでdatetime（日時）型に変換する必要
があります。

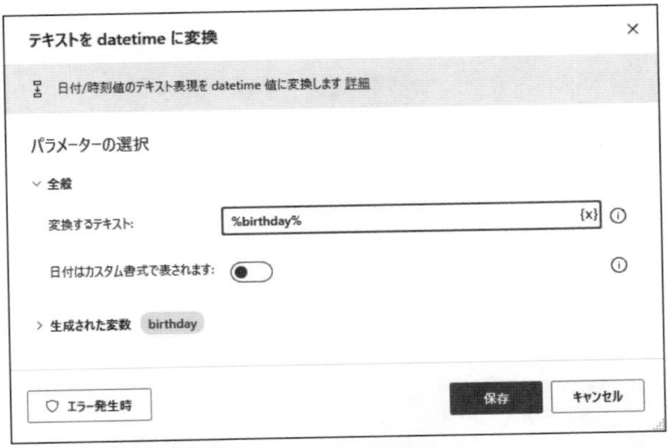

図4-23 「テキストを datetime に変換」アクションでデータ
型を切り替える

　このアクションで生成される変数も、変換前と同じbirthdayにしま
した。このため、このアクションにより、変数birthdayがテキスト型か
らdatetime型になるわけです。

　これで変数birthdayの値を日時として書式化できます。その
際、変数todayを変数FormattedTodayにしたときと同じ書式
(yyyyMMdd) にすることが重要です。

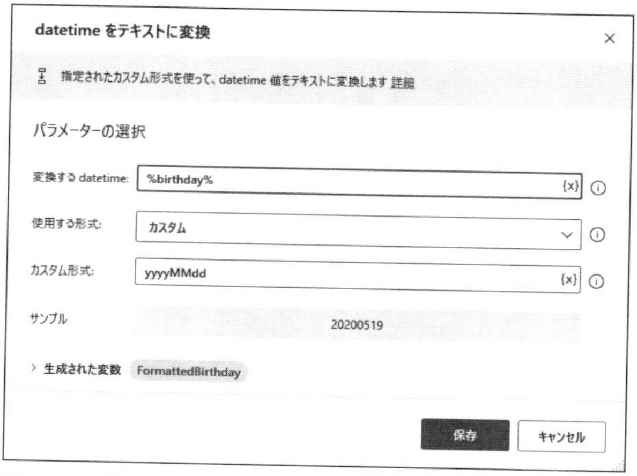

図 4-24 「datetime をテキストに変換」アクション
で変数 birthday の値を書式化して変数
FotmattedBirthday に

　それから FormattedToday と FormattedBirthday を数値に変
換します。アクションの編集画面は省略しますが、NumToday と
NumBirthday という数値型の変数を生成します（5、6行目）。
　この数値同士を計算して年齢を求めます。それには「変数の設定」
アクションを使います。

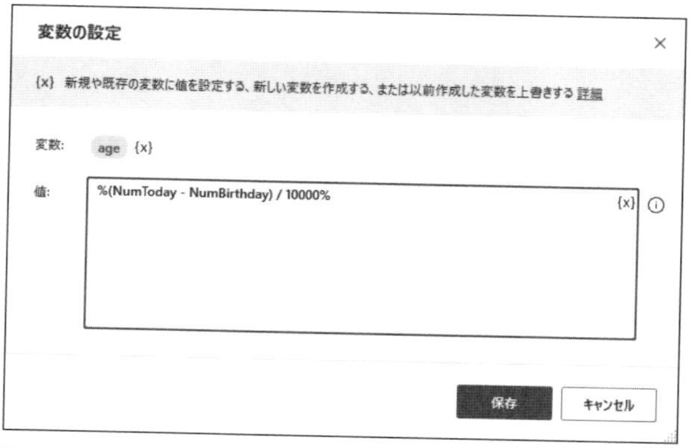

図 4-25 「変数の設定」アクションで年齢を算出

ここでは

```
(NumToday - NumBirthday) / 10000
```

の計算結果を変数ageに入れるアクションにしました。NumTodayか
らNumBirthdayを引いて、10000で割っています。なぜこういう計
算式になるのかは、あとでくわしく説明します。

　そして、数値の切り捨てアクションで小数部を切り捨てます。これで
ageに年齢が求まります。

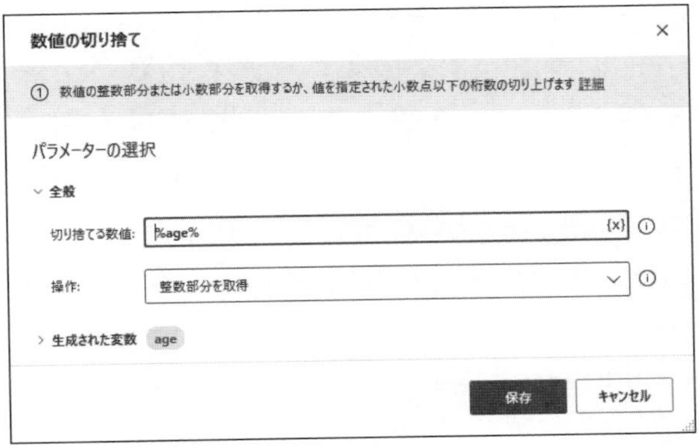

図4-26　「数値の切り捨て」アクション

▷ Power Automateで年齢を計算するアルゴリズム

なぜこの計算で、年齢が求まるのかは次の計算表を見てください。

表4-1　年齢を計算するプロセス

対象の日	生年月日	=A-B	=INT(C/10000)
20220926	19610106	610820	61
20230101	19610106	619995	61
20230106	19610106	620000	62
20230201	19610106	620095	62

　A列が「この日で何歳か」という年齢計算の基準日です。yyyyMMddの書式になっており、年4桁、月2桁、日2桁の形式です。calc_ageの5番目、6番目のフローで書式化した日付を数値型に変換すると、この形式になります。B列が生年月日です。筆者の生年月日を入力してあります。これも基準日と同様に年4桁、月2桁、日2桁の並びになった数値です。C列でA−Bの計算をします。たとえば4行目の基準日（セルA4）である2023（年）01（月）06（日）には筆者は62歳になります。求めたいのは年齢なので、月日を表す下4桁は必要ありません。そこでD列でC列を10000で割ることで、月日の桁を小数点以下に追いやります。これをINT関数の引数にすることにより、月日の桁を切り捨てられます。これが、calc_ageの「変数の設定」アクションで

```
(NumToday - NumBirthday) / 10000
```

という計算をした理由です。Power Automateでも、この結果から小数部分を切り捨てれば、年齢を求められます。

▷ グローバル変数とローカル変数

　Mainフローで「If age >= 65 then」で分岐の条件に使っていたageは、このcalc_ageサブフローで設定した変数ageです。プログラ

ミングの経験のある方はここで少し疑問を感じられたかもしれません。どういう疑問かというと、「サブフローで作成した変数をMainフローでも使えるのか?」なのではないでしょうか。

　プログラミング言語全般の話になりますが、通常、変数にはスコープ(有効範囲)があります。スコープとは、プログラムのどこで使えるかということだと思ってください。グローバル変数はプログラムのどこでも利用できるグローバル(大局的)な変数です。それに対し、ローカル変数はローカル(局所的)な変数です。関数の中で宣言した変数はその関数の中でしか使えません。だから関数は値を返すように作成することが多いのです。

　しかし、Power Automateではサブフローで作成した変数をMainフローでいきなり使用することができます。Power Automateのフローの変数にはグローバル、ローカルという区別はなく、すべての変数はグローバル変数だと言えます。

Pythonでプログラミング

　ここからはPythonのプログラムについて説明します。Power Automateでサブフローを使いました。Pythonでサブフローに相当するのは関数です。

▷ defで関数を定義する

　Pythonでは関数はdefで定義します。関数名に続けて (と) の間に記述された引数を受け取ります。

図4-27 関数を定義する構文

引数とは関数に渡したい値です。複数の引数を指定することもでき
ますが、省略することも可能です。関数の中では処理内容に相当する
コードを記述します。もちろん複数行のコードを記述することができ
ます。その際、関数定義の中の記述であること示すためにインデント
します。関数はreturn文で値を返すことができます。値を返す必要
がなければreturn文は省略できます。

　関数定義の概要がわかったところで、実際のプログラムを見ていき
ましょう。関数の具体的な記述が出てきたところで、もう一度関数につ
いて説明します。

コード4-1　データベースから65歳以上の人を抜き出すresident01.py

```
01   import openpyxl
02   import datetime
03
04
05   RESIDENT_PATH = r"c:\data\flowchart\resident"
06
07   def calc_age(birthday):
08       today = datetime.date.today()
```

```
09        return (int(today.strftime("%Y%m%d")) -
                  int(birthday.strftime("%Y%m%d"))) // 10000
10
11    wb1 = openpyxl.load_workbook(RESIDENT_PATH + r"\住民台帳
                                                    .xlsx")
12    sh1 = wb1[r"住民台帳"]
13
14    wb2 = openpyxl.Workbook()
15    sh2 = wb2.active
16    row_idx = 2
17    for row in sh1.iter_rows():
18        if row[0].row == 1:
19            sh2.cell(1, 1).value = row[0].value
20            sh2.cell(1, 2).value = row[1].value
21            sh2.cell(1, 3).value = row[2].value
22            sh2.cell(1, 4).value = row[3].value
23            sh2.cell(1, 5).value = row[4].value
24            sh2.cell(1, 6).value = row[5].value
25            sh2.cell(1, 7).value = "年齢"
26        else:
27            if calc_age(row[2].value.date()) >= 65:
28                sh2.cell(row_idx, 1).value = row[0].value
29                sh2.cell(row_idx, 2).value = row[1].value
30                sh2.cell(row_idx, 3).value = row[2].value
31                sh2.cell(row_idx, 4).value = row[3].value
32                sh2.cell(row_idx, 5).value = row[4].value
33                sh2.cell(row_idx, 6).value = row[5].value
34                sh2.cell(row_idx, 7).value = calc_
                                    age(row[2].value.date())
```

```
35                    row_idx = row_idx + 1
36
37
38  wb2.save(RESIDENT_PATH + r"\\住民台帳_現在65歳以上_
                                        py.xlsx")
39  wb2.close()
40
41  wb1.close()
```

　resident01.pyではopenpyxlライブラリに加えて、日時を扱うためdatetimeモジュールをインポートしています。

　RESIDENT_PATHは読み込み元のブックである住民台帳.xlsxが存在するパスです。

　7行目で定義しているcalc_age()が年齢計算をする関数です。引数として生年月日をbirthdayとして受け取ります。

```
today = datetime.date.today()
```

で今日の日付（プログラム実行時の日付）を変数todayに取得します。次のreturn文の中でtodayとbirthdayを比較して年齢を求めて、関数の戻り値として呼び出し側に求めた年齢を返します。1行で年齢計算ができるので、ここはPower Automateより効率的ですが、やっていることはPower Automateと同じです。

　today、birthdayともstrftime()で書式化します。%Y%m%dの書式指定で年4桁、月2桁、日2桁の都合8桁の文字列になります。

```
today.strftime("%Y%m%d")
birthday.strftime("%Y%m%d")
```

それをどちらもint関数で整数型に変換します。

```
int(today.strftime("%Y%m%d"))
int(birthday.strftime("%Y%m%d"))
```

これで引数の日付を計算できるようになりました。これを引き算して結果を10000で割ります。

```
(int(today.strftime("%Y%m%d")) - int(birthday.
strftime("%Y%m%d"))) // 10000
```

わり算のところは//という演算子を使っています。この演算子は切り捨て除算なので、わり算の商、つまり計算結果の整数部だけが残ります。それをreturn文で返すので、calc_age関数の戻り値は年齢になるわけです。

▷ 2種類のブックオブジェクトを使い分ける

では、関数以外のメインの部分に進みましょう。読み込み用、書き込み用それぞれのブックを同時に扱うため、11〜15行目で2種類のオブジェクトを用意します。まずwb1がブック「住民台帳」を示します。sh1がwb1のシート「住民台帳」です。wb2が新規ブックです。sh2はこの新規ブック（wb2）にある1枚のシートです。16行目のrow_idxは、sh2に値を書き込む行を示すためのインデックスです。

17行目の

```
for row in sh1.iter_rows():
```

がシート「住民台帳」の値のあるセルを含む行をすべて読み込むルー

プです。iter_rows()により、シートの値が入っている行をすべて読み込みます。Power Automateのときのように、どの範囲に値が入っているかを調べる必要はありません。

　この17行目に記述した変数rowには、sh1から取り出した1行分の内容が入ります。これを18行目以降の処理で使います。

▷ **1行目のデータならヘッダー処理、そうでなければ転記処理**

　18行目の

```
if row[0].row == 1:
```

の条件分岐は、読み込んだ行が1行目かどうかを判定します。その結果によって、1行目であれば、表のヘッダーを編集する処理（19〜25行目）に進み、そうでなければ年齢を計算する処理（26〜35行目）へと分岐します。

　rowは1行分の値をまとめて持っており、各列の値がリスト形式になって入っています。これがカラムです。カラムはセルと言い換えてもいいかもしれません。row[0]はrowが持つ行データのうち最初のカラムを指します。各カラムにはrowというプロパティがあり、自分が元のデータでは何行目なのかという値を属性として持っています。この属性と==演算子を使って、行番号が1と等しいかを調べているのが、18行目のif文です。

　もし、インデックス番号0のカラム（最初のカラム）のrowプロパティが1ならば、各カラムのvalue（値）を順々にsh2.cell(1, 1)からsh2.cell(1, 6)にそれぞれ転記していきます（19〜24行目）。Power Autometeではedit_headerとしてサブフローで処理していた部分です。

　年齢という列は読み込み元のシート「住民台帳」にはありません。そ

こで、文字列として記述し、sh2.cell(1, 7).valueに直接書き込みます（25行目）。これでヘッダーの編集は終了です。

18行目の

```
if row[0].row == 1:
```

の条件が偽（False）のときは、26行目のelseにジャンプして、27行目の

```
if calc_age(row[2].value.date()) >= 65
```

に進みます。この条件分岐では、calc_age関数に

```
row[2].value.date()
```

を引数としてC列の生年月日を渡します。calc_age関数が実行時の日付と比較して年齢を算出するので、cakc_age関数が返してきた年齢が65以上だったら条件が真になり、28行目以降の転記処理を実行します。このように関数を呼び出して、その戻り値で分岐させるところまで、1行の記述で済んでしまうところが、PowerAutomateなどのRPAツールよりPythonの効率的なところといえそうです。もしかすると、GUIで操作するツールよりもプログラミング言語のほうが効率的と言ってしまってもいいかもしれません。

28行目から33行目までは、rowの各カラムを順に転記する処理です。34行目では、calc_age()をもう一度呼び出して、年齢を7列目つまりG列に書き込みます。これで1行分の書き込みは完了です。そうしたら、次のループでその下の行に書き込めるようにrow_idxに1を加算します。このように、条件分岐を含んだループでシート「住民台帳」のすべての行を読み込み、65歳以上の行を新規ブックに書き込んだら

ループを抜けます。

　最後に、開いていたブックを閉じる処理をします。新規のブックである wb2 には、「住民台帳_現在65歳以上_py.xlsx」という名前を付けて保存します（38行目）。wb1は保存する必要はありません。close()するだけです。ただし、プログラムの中で開いたブックは必ずclose()する必要があります（39行目、41行目）。

　これでミッション1を解決するPower Automateのフロー、Pythonのプログラムが完成しました。でも、実際に使ってみて、かゆいところに手が届かないというところを感じた人もいるのではないでしょうか。そこで、もう少し機能を強化したバージョンを検討しようと思います。

MISSION: THREE-PLUS

住民台帳から、基準日を指定可能にして、任意の日に65歳以上になる人を抜き出せるようにしてください。

　年齢計算にもう少し汎用性を持たせようという意図の仕様の追加です。ミッション1では、プログラムの実行日が自動的に年齢計算の基準日でした。でも実際の業務では、来年度の4月1日に65歳以上になる人とか、敬老の日に65歳以上になる人といったように、任意の日付を基準にすることが多々あります。こうした業務に対応しようというわけです。昔は9月15日固定だった敬老の日も、今は9月の第3月曜日とかになって、日が動くようになったのでプログラムも柔軟に対応しないといけません。

　要件はシンプルで、ミッションでは「今日の日付」としていたところを任意の日付を指定できるようにすることです。フローチャートを作るのとほぼ同等なので、ここはすぐにPower Automateのフローを見直してみようと思います。

Power Automateでフロー作成

　任意の日付を選べるように、Power Automateでは「日付選択」ダイアログが用意されています。

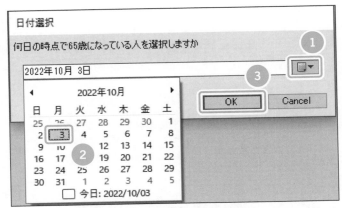

図4-28　**Power Automate**が表示した「日付選択」ダイアログボックス。カレンダーで任意の日付を指定できる

　Power Automateの「日付選択」ダイアログボックスを表示してみました。カレンダーのアイコンをクリックすると、カレンダー形式のメニューが表示されるので任意の日付を選ぶことができます。ここで選択された日付と生年月日を比較して年齢を求めるように改良します。

▷ Cancelボタンでプログラムを中止できるように

　まずフローの先頭に日付選択ダイアログボックスを表示させるアクションを追加します。これに続けて2番目のフローとして、Cancelボタンを押したときには処理を中止できるようにIf条件分岐を作り、その中に「フローを停止する」アクションを配置します。

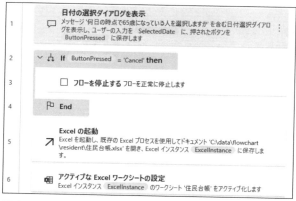

図4-29　フローの先頭に「日付の選択ダイアログを表示」アクション、If条件分岐、「フローを停止する」アクションを追加

　「日付選択ダイアログを表示」アクションでは、ダイアログボックスのタイトルや表示するメッセージを設定することができます。でも、ここで最も重要なのは、「ダイアログの種類」と「次のプロンプト」です。「ダイアログの種類」ではこのミッションのように一つの日付を選択することもできますし、「何月何日から何月何日まで」といったように日付の範囲を選択するようにもできます。「次のプロンプト」では「日付のみ」もしくは「日付と時間」を選択することができます。ミッション3＋では「任意の日付」を指定してもらいたいので、それぞれ「1つの日付」、「日付の

み」を設定しました。

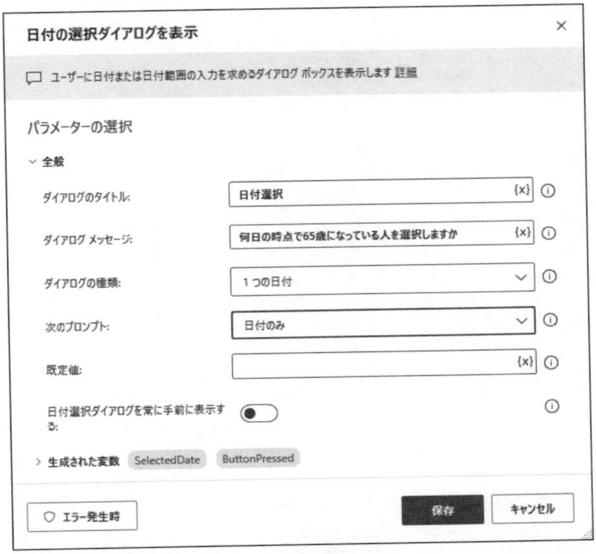

図 4-30 「日付の選択ダイアログを表示」アクションの設定

選択した日付は変数SelectedDateに入ります。押されたボタンはButtonPressedに文字列として入ります。次のIf条件でButtonPressedがCancelに等しいときはフローを停止します。Mainフローの変更はこれだけです。

年齢計算の基準が変わるので、サブフローのcalc_ageも変更が必要です。変更後のcalc_ageサブフローを見ていきましょう。

1	テキストを datetime に変換 テキスト birthday を datetime に変換し、birthday に保存する
2	datetime をテキストに変換 形式 'yyyyMMdd' を使って datetime birthday を変換し、FormattedBirthday に保存する
3	datetime をテキストに変換 形式 'yyyyMMdd' を使って datetime SelectedDate を変換し、FormattedSelectedDate に保存する
4	テキストを数値に変換 テキスト FormattedSelectedDate を数値に変換し、NumSelectedDate に保存する
5	テキストを数値に変換 テキスト FormattedBirthday を数値に変換し、NumBirthday に保存する
6	{x} 変数の設定 変数 age に値 (NumSelectedDate - NumBirthday) / 10000 を割り当てる
7	① 数値の切り捨て age の整数部分を取得して age に保存する

図4-31　変更後の calc_age サブフロー

　ミッション1の cale_age との違いは、まずサブフローの冒頭にあった現在の日時を取得して書式化するアクションを削除したことです。これにより生年月日の取得と書式化が繰り上がり、新たに3番目のアクションとして、選択した日付である SelectedDate を yyyyMMdd と書式化して変数 FormattedSelectedDate に保存し、4番目のアクションでそれを数値に変換して NumSelectedDate に入れるというフローに修正しました。「変数の設定」アクションでは、こうした求めた NumSelectedDate と NumBirthday を引き算して年齢を求めます。これで修正は終わりです。

　年齢計算をサブフロー化してあるので、わりと簡単に年齢を求める対象の日付を任意に指定できるようになりましたね。

Pythonでプログラミング

Python言語で作成したプログラムは、VS Codeの実行メニューから実行するだけでなく、ターミナルやコマンドプロンプトなどのCUI（キャラクターユーザーインターフェース）からも実行することができます。

PS C:\Users\Ez11\Documents\日経BP\PAandPython\prg> python resident01.py
PS C:\Users\Ez11\Documents\日経BP\PAandPython\prg>

図4-32　VS Codeのターミナルからresident01.pyを実行したところ

Pythonのプログラムをターミナルから実行するには、

```
python プログラム名.py
```

のように入力してEnterキーを押します。本書の手順通りにPythonをインストールした場合は、Pythonにパスが通っていますので、このようにしてPythonのプログラムを実行することができます。ただし、カレントディレクトリ（現在のディレクトリ）はプログラム名.pyのプログラムのある（存在する）ディレクトリにしておく必要があります。VS Codeでは最初に「フォルダーを開く」からプログラムのある場所を開いておけばプログラム名のみで実行できます。

このようにしてコマンドラインでプログラムを実行する場合に引数も同時に記述すると、プログラムは引数を受け取ったうえで動作することができます。このような引数をコマンドライン引数といいます。ミッション3＋に対応したresident02.pyにコマンドライン引数を付けて実行

するときは以下のようになります。

```
PS C:\Users\Ez11\Documents\日経BP\PAandPython\prg> python resident02.py 20221010
resident02.py
20221010
PS C:\Users\Ez11\Documents\日経BP\PAandPython\prg>
```

図 4-33　resident02.pyをコマンドラインで実行したところ

もちろん、プログラム側でコマンドライン引数を受け取るようにしておく必要があります。resident02.pyでは年齢計算の基準となる日付をコマンドライン引数で受け取ることができるよう改造しました。

コード 4-2　コマンドライン引数で基準日を指定できるようにしたresident02.py

```
import openpyxl
import datetime
import sys


RESIDENT_PATH = r"c:\data\flowchart\resident"

def calc_age(birthday):
    if arg_day == None:
        diff_day = datetime.date.today()
    else:
        diff_day = datetime.datetime.strptime(arg_
                                        day,"%Y%m%d")

    return (int(diff_day.strftime("%Y%m%d")) -
            int(birthday.strftime("%Y%m%d"))) // 10000

```

```
16
17   argv = sys.argv
18   print(argv[0])
19   print(argv[1])
20
21   arg_day = None
22   if len(argv) > 1:
23       arg_day = argv[1]
24
25   wb1 = openpyxl.load_workbook(RESIDENT_PATH + r"\住民台帳
                                              .xlsx")
26   sh1 = wb1[r"住民台帳"]
27
28   wb2 = openpyxl.Workbook()
29   sh2 = wb2.active
30   row_idx = 2
31   for row in sh1.iter_rows():
32       if row[0].row == 1:
33           sh2.cell(1, 1).value = row[0].value
34           sh2.cell(1, 2).value = row[1].value
35           sh2.cell(1, 3).value = row[2].value
36           sh2.cell(1, 4).value = row[3].value
37           sh2.cell(1, 5).value = row[4].value
38           sh2.cell(1, 6).value = row[5].value
39           sh2.cell(1, 7).value = "年齢"
40       else:
41           age = calc_age(row[2].value.date())
42           if age >= 65:
43               sh2.cell(row_idx, 1).value = row[0].value
```

```
44              sh2.cell(row_idx, 2).value = row[1].value
45              sh2.cell(row_idx, 3).value = row[2].value
46              sh2.cell(row_idx, 4).value = row[3].value
47              sh2.cell(row_idx, 5).value = row[4].value
48              sh2.cell(row_idx, 6).value = row[5].value
49              sh2.cell(row_idx, 7).value = age
50              row_idx = row_idx + 1
51
52
53   wb2.save(RESIDENT_PATH + r"\\住民台帳_指定日65歳以上_
                                          py.xlsx")
54   wb2.close()
55
56   wb1.close()
```

　変更点を上から順に見ていきましょう。まず冒頭でimport文を追加しました。コマンドライン引数を受け取るにはsysモジュールをインポートします。このモジュールのsys.argvでコマンドライン引数を取得することができます。

▷ sys.argvにコマンドライン引数が格納される

　17行目を見てください。resident02.pyでは

```
argv = sys.argv
```

として変数argvにコマンドライン引数を代入しています。sys.argvはコマンドライン引数が複数になることを想定してリストとして値を持ちます。18行目、19行目のprint関数でargv[0]、argv[1]としてリスト

の内容を表示しています。これらのコードはどのようにコマンドライン引数がリストに格納されているかを確認するためのものです。[0]にはresident02.pyのようにPythonで実行するプログラム名が入っています。コマンドライン引数として与えた引数は[1]以降に入ります。この例では引数は年齢計算用の基準日である20221010の一つだけですが、他にもコマンドライン引数があればargv[2]、argv[3]として取得することができます。

21行目のコード

```
arg_day = None
```

では変数arg_dayをNoneで初期化しています。次の22行目のif文で、プログラムの起動時に基準日が入力されたかどうかを調べます。argvは前述の通りリストなので

```
len(argv)
```

で要素数がわかります。これが1ならプログラム名しか入力されていません。1より大きいときは日付が引数として指定されたと判断して

```
arg_day = argv[1]
```

として、2番目の引数をarg_dayに入れます。

calc_age関数の変更点を見ていきましょう。calc_age関数が呼び出されるのは41行目です。ということは、21〜23行目の処理は終わっています。そこでcalc_age関数では、arg_dayの値により、計算内容を変えようと思います。具体的には、コマンドライン引数に基準日が指定されなかった場合は、プログラムの実行日を基準日とする。基準日が指定されていた場合は、その日を基準に年齢を算出するという分岐

要件定義とフローチャート

Power Automate

Python

です。

　関数定義の中では9行目のif文で、

```
arg_day == None
```

の結果が真（True）だったら、コマンドライン引数で日付が指定され
なかったと判断できます。そこで、現在の日付を変数diff_dayに入れ
ます。

　結果が偽（False）だった場合は、

```
datetime.datetime.strptime(arg_day,"%Y%m%d")
```

を実行します。strptime()は日付を表す文字列をdatetime型に変換
します。その際、日付文字列は第二引数（"%Y%m%d"）が示す書式
になっていないといけません。

　そのうえで、diff_dayとbirthdayとの差で年齢を求め、その結果を
戻り値として返します。この年齢を計算する式の構造はミッション3の
ときと変わっていません。計算に使う変数の名前がtodayからdiff_
dayに変わり、変数に代入する値の求め方が変わっただけです。

　ほかにも違いが何カ所かあります。resident01.pyではcalc_age
関数を2回呼び出していました。転記するかどうかを判断するif文の
中と、年齢をワークシートに書き込むときの2回です。これに対して
resident02.pyではageという変数にcalc_age関数の返す値を入
れることでcalc_age関数の呼び出しを1回にしています（41行目）。
このように変えてみたのは、いろいろなパターンがあるということをわ
かっていただきたいためです。どちらのやり方がよいという話をしたい
のではありません。プログラミングにはいろいろなやり方があり、自由
に選べるというお話です。

例外処理を考える

何ごとにも例外はあるものですが、プログラムの例外は、値が入っているはずのところに何も入っていないときやファイルが存在するはずのディレクトリに存在しないときなどに発生します。例外というのは想定外ということでもあります。

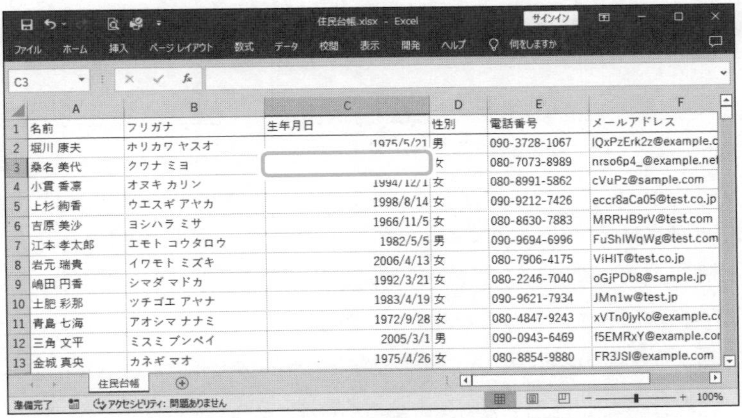

	A	B	C	D	E	F
1	名前	フリガナ	生年月日	性別	電話番号	メールアドレス
2	堀川 康夫	ホリカワ ヤスオ	1975/5/21	男	090-3728-1067	IQxPzErk2z@example.c
3	桑名 美代	クワナ ミヨ		女	080-7073-8989	nrso6p4_@example.net
4	小貫 香凛	オヌキ カリン	1994/12/1	女	080-8991-5862	cVuPz@sample.com
5	上杉 絢香	ウエスギ アヤカ	1998/8/14	女	090-9212-7426	eccr8aCa05@test.co.jp
6	吉原 美沙	ヨシハラ ミサ	1966/11/5	女	080-8630-7883	MRRHB9rV@test.com
7	江本 孝太郎	エモト コウタロウ	1982/5/5	男	090-9694-6996	FuShlWqWg@test.com
8	岩元 瑞貴	イワモト ミズキ	2006/4/13	女	080-7906-4175	ViHIT@test.co.jp
9	嶋田 円香	シマダ マドカ	1992/3/21	女	080-2246-7040	oGjPDb8@sample.jp
10	土肥 彩那	ツチゴエ アヤナ	1983/4/19	女	090-9621-7934	JMn1w@test.jp
11	青島 七海	アオシマ ナナミ	1972/9/28	女	080-4847-9243	xVTn0jyKo@example.c
12	三角 文平	ミスミ ブンペイ	2005/3/1	男	090-0943-6469	f5EMRxY@example.co
13	金城 真央	カネギ マオ	1975/4/26	女	080-8854-9880	FR3JSI@example.com

図4-34　あるはずの生年月日が入力されていないデータで実行すると……

例外が発生すると、いわゆるエラーになります。

Power Automateで例外処理

Power Automateから試してみましょう。生年月日が入力されているべき列に値が入っていないとどうなるかフローを実行してみましょう。

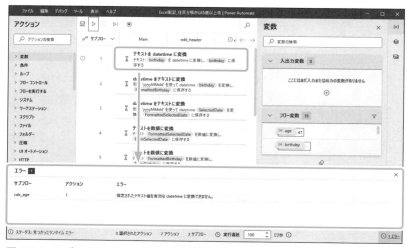

図4-35　サブフローcalc_ageエラーが発生

　サブフローcalc_ageでエラーが発生しました。変数birthdayに入れたC列の生年月日をdatertime型に変換しようとするのですが、生年月日が入っていなかったために、変換できなかったというエラーです。プログラムを使っていて突然こんなエラーが表示されたらビックリするだけでなく、どうしたらよいかわからなくなりますよね。でも、事前にデータをすべてチェックして、こうした想定外の値がないかどうかをチェックするのは現実的ではありません。そこで、プログラム側で例外が起きたとき専用の処理を用意します。これを例外処理といいます。

▷ **アクションにエラー発生時の動作を設定する**

　Power Automateではエラーが発生したアクションを開き、「エラー発生時」ボタンをクリックします。

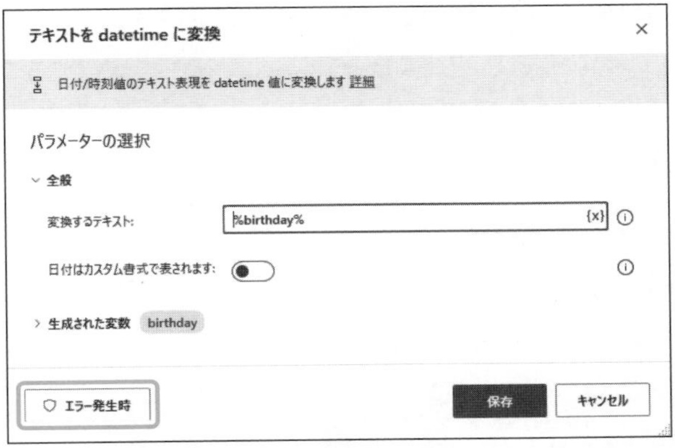

図4-36　エラーが発生したアクションを開いて「エラー発生時」ボタンをクリック

デフォルト（既定値）では「スローエラー」が選択されています。

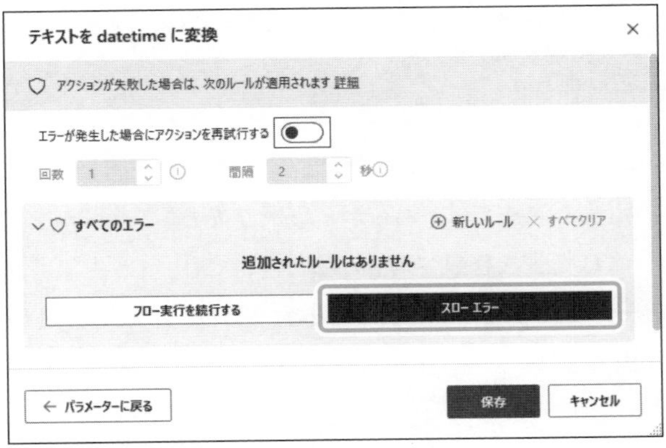

図4-37　デフォルトはスローエラー

スローエラーとはthrow errorのことで、エラーを投げる、つまりエラーを通知するという設定です。だから、エラーが表示されたわけですね。

ここは、「スローエラー」が選択されているところを「フロー実行を続

行する」に切り替えて、例外処理モードで「次のアクションに移動」や
「アクションの繰り返し」もしくは「ラベルに移動」を選択することがで
きます。

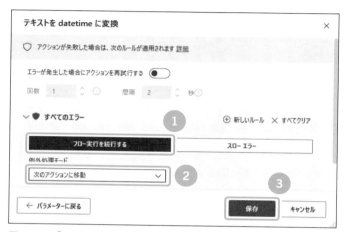

図4-38　「フロー実行を続行する」に切り替えて「例外処理モード」を
　　　　指定する

　「ラベル」は、いにしえのBasic言語でよく使われた方法で、次に行う
処理を指定する方法です。あらかじめ飛び先としてラベルを用意して
おいて、そこに処理を移動させる方法です。でも、この生年月日が抜け
ているデータを読み込んでしまったとき、プログラムでどう処理すれば
よいかは決められません。生年月日がわからないと、それを回避しよう
がないためです。
　そこで、生年月日が入っていなかったら、サブフローでその旨をメッ
セージボックスで表示し、ユーザーにはデータに不備があることを伝
え、プログラムは処理を中止することにします。

図4-39　エラーが発生したときに実行するサブフローerror_birthday

　そのために、エラーが発生したときに実行するサブフローを用意することにしました。メッセージボックスを表示し、フローを停止するというだけのサブフローです。アクションが二つだけという簡単なフローですが、住民台帳のどのあたりに生年月日の抜けがあるのかも知らせるようにしようと思います。

　そこで目を付けたのがRowIndexInです。これはシート「住民台帳」の何行目を現在処理しているかを示すインデックスです。「メッセージを表示」アクションで「表示するメッセージ」に「%RowIndexIn%行目に生年月日が入力されていません」と文字列と一緒に入力します。変数は前後に％を付けます。これで文字列と連結して表示してくれます。

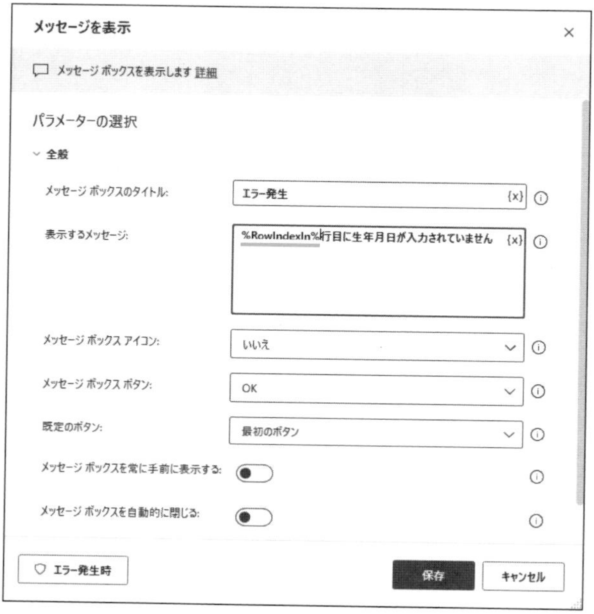

図4-40 エラー発生時に表示するメッセージの中に変数
RowIndexInを組み込む

　実行すると、エラーメッセージが表示され3行目に生年月日が入っていないことがわかります。次のアクションがフローの停止なので、OKを押すとフローは終了します。フローの利用者には生年月日を入力して再度処理してもらおうという考えです。

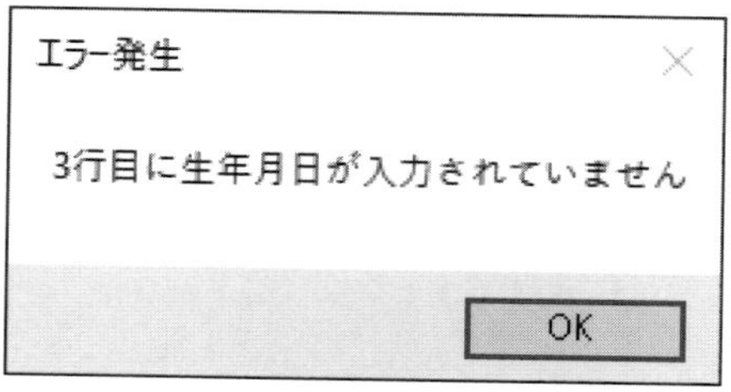

図4-41 行番号付きでエラーメッセージが表
示された

▷ PythonではAttributeErrorが発生する

　同じように生年月日に抜けのあるシート「住民台帳」をPythonのプログラムで処理するとAttributeErrorになります。

```
ターミナル    JUPYTER    問題    出力    デバッグ コンソール
PS C:\Users\Ez11\Documents\日経BP\PAandPython\prg> python resident02.py 20221010
Traceback (most recent call last):
  File "C:\Users\Ez11\Documents\日経BP\PAandPython\prg\resident02.py", line 40, in <module>
    age = calc_age(row[2].value.date())
AttributeError: 'NoneType' object has no attribute 'date'
PS C:\Users\Ez11\Documents\日経BP\PAandPython\prg>
```

図4-42　同じデータをPythonで処理しようとするとAttributeErrorが発生

　Pythonでも、このエラーに備えた例外処理を用意してみました。Power Automateと同様のエラー処理をresident02.pyに追加するのが、次のコードです。

コード4-3　resident02.pyに追加する例外処理

```
40    else:
41        try:
42            age = calc_age(row[2].value.date())
43        except AttributeError:
44            print(f"{row[0].row}行目に生年月日が入力されて
                                                  いません")
45            sys.exit()
46        if age >= 65:
```

　エラーが起きるのは、41行目で

```
age = calc_age(row[2].value.date())
```

として、C列のセルから値を読み込むところです。Pythonでは例外処理をしたいコードに対して、tryおよびexceptで例外を処理します。具体的には、41行目にあった上記のコードの前に

```
try:
```

という行を追加します。そして、もとの41行目（この時点では42行目）をインデントした上で、続けて

```
except AttributeError:
```

で始まる3行を追加しました。これにより、エラーが出るまではtryに続くコードを実行し続けます。エラーが出たら、そのエラーに応じてexceptに続くコードを実行します。

　コード4-3で言えば、AttributeErrorが出たら実行中の処理を中断して43行目のexceptにジャンプするという動作になります。

　また、エラー発生時にメッセージを表示する際、print関数ではf-string（f文字列）を使って、文字列中に｛と｝で変数を埋め込んでいます。これで、データの何行目に不備があったかを通知することができます。そして、例外が発生したらsys.exit()でプログラムを終了させるようにしました。

　この例外処理を実装して、不備があるデータで実行すると、設計通りにエラーメッセージを表示することができました。

図4-43　**Pythonでも同様に行番号を通知するエラーメッセージが表示された**

> > > > > > > > > >

　例外処理にも常に正しい答えはありません。生年月日が抜けている人の処理はスキップして、問題ない人のデータは処理できるようにするのがいいこともあるでしょう。その際は、データに不備があり、処理をスキップした人を別途リストアップするのが望ましい場合もあると思います。あるいは、処理の途中で抜けているデータの入力を促し、プログラム内で不備を修正するといった対応がいい場合もあるかもしれません。どんな例外処理をすべきかは、そもそものプログラムの目的や性格にもよります。ケースバイケースとしか言えません。でも、例外処理で最も重要なのは、どのような処理をするかという前提として、処理中にどのようなことが起こり得るか、例外が発生したときにどういう原因でどういうエラーになったのかを知ることです。これがわからなければ、例外処理の考えようもないのです。

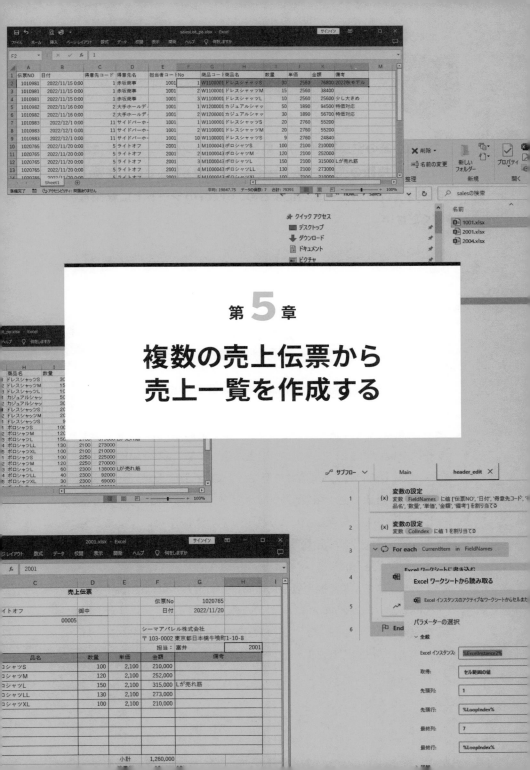

第 **5** 章

複数の売上伝票から
売上一覧を作成する

ここは企業の営業部門です。集計用パソコンのフォルダーに集められた複数の売上伝票ファイル（ブック）をもとに、各売上明細を1枚の売上一覧表にまとめ、Excelのシート上に転記してください。

要件定義

　帳票を模した売上伝票が別々のブックに分かれており、たとえば月次でこれをまとめて売上一覧を作るといった処理はよくある処理のひとつです。ここでは売上伝票を扱いますが、個別のExcelブックからデータを集約するという作業は、売上に限らずさまざまな場面で見られます。これを自動化する方法を見ていきましょう。

　まずは、対象の売上伝票がどのようなデータになっているか見てみましょう。こうした売上伝票のようなデータは定型化されていることが多く、ここでもそうした定型データを取り扱います。

　ここで扱う売上伝票は、次のようなルールで作られています。

売上伝票ブックは営業担当者別に作成します。各ブックはsalesフォルダーにまとめて管理しています。このため、このフォルダーには売上伝票を記録した売上伝票ブックが複数存在します。ファイル名には、営業担当者に割り振られた担当者コードを使います。

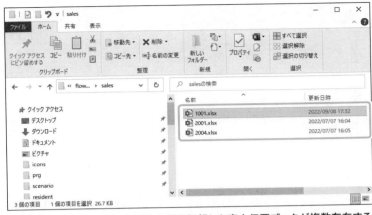

図 5-1 salesフォルダーに売上伝票を記録した売上伝票ブックが複数存在する

売上伝票ブックにはシートが複数存在します。その一つひとつがそれ
ぞれ 1 枚の売上伝票に相当します。各売上伝票は得意先別、日別に作
成します。

　1 枚の売上伝票には明細を最大 10 行まで入力します。11 件以上の
取り引きの場合は、11 番目以降を別のシートに分け、異なる売上伝票
として作成します。

要件定義とフローチャート

Power Automate

Python

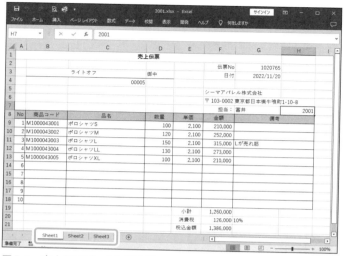

図 5-2　売上伝票ブックには複数のシートが存在する

　このようなルールで作成されている売上伝票を一覧表にするわけで
す。一覧表にする理由は集計用とかWebアプリに自動入力するためな
どが考えられるでしょう。

　各売上伝票から一覧表を作るための要件を定義してみましょう。こ
こまで同様、この段階では大まかな処理として定義します。そうする
と、一覧表作成の手順は以下のようになります。

1 フォルダー内のブックを一つずつ開く
2 ブック内のシートを1枚ずつ開く
3 開いたシートの明細を1行ずつ読み出す
4 読み出したデータを一覧表に追加する

　対象のフォルダーは、salesフォルダーです。フォルダー内に複数保
存されているブックをひとつ開きます（1）。このブックには1枚以上
のシートがあります。いずれも売上伝票データです。このうち1枚の

シートを開きます（❷）。

このシート上には最大10件の明細が記録されています。これを上から1行分読み込み（❸）、一覧表に追加します（❹）。

ここまで済んだら❸の処理を明細行の分だけ繰り返し、1枚のシートの処理が終わったら❷の処理の続きとして次のシートを開き、同じ処理を繰り返します。すべてのシートを処理し終えたら、そのブックの処理はおしまいです。❶の処理の続きとして次のブックで同じ処理を繰り返します。

フローチャートの作成

要件で定義したように、このデータとミッション4の処理は三重のループ構造（要件定義の❶〜❸）になります。

これをフローチャートにしてみましょう。

データを読み出す前に、読み込んだ情報の保存とファイルを読み込む準備をしておきます。具体的には、

- 一覧表ブックのオブジェクトを新規に作る
- アクティブシートを指定する
- ヘッダー（一覧表の項目行）を作成する
- データを保存する最初の行を指定する
- 売上伝票ブックの一覧を取得

です。ここまでをいったんフローチャートにしておきます。

図5-3　準備段階のフローチャート

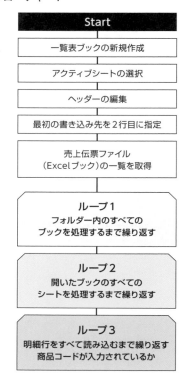

▷ 3段階のループでデータを処理

　　ここからデータを読み込むループが始まります。最も外側、つまり最初に始まるループ1は、フォルダーに存在する売上伝票ブックをすべて処理するためのループです。その中で、売上伝票ブックに存在するシートをすべて処理するためのループ2が回ります。ここではシート＝売上伝票です。

　　そのループ2の中で、売上伝票の明細行を次々と漏れなく読み込むためのループ3が働きます。このループ3では、その明細行に商品コー

ドが入力されていたら、一覧表への転記処理を実行します。読み込ん
だ行に商品コードが入力されていたら、その行は明細の行、そうでな
ければ、その伝票で明細はもうないと判断し、転記処理をするかしな
いかを判断します。

図5-4 データを読み込む処理のフローチャート（図5-3の続き）

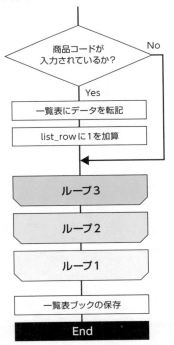

簡単にまとめるとこれだけの処理なのですが、ループはプログラム
の中だけのお話ではありませんね。私たちの仕事や日々の暮らしも
ループに囲まれていて、その中で条件分岐をしています。ミッション4
のループはこれしかないでしょうという鉄板のループですが、日常生活
の中には見直したいループもあるものですよね。話が横道にそれまし
たが、ループは何もプログラミングの専門用語ではありませんというお

話しでした。

Power Automateでフロー作成

　要件定義から作成したフローチャートを、Power Automateのフローにしていきましょう。このフローには「Excel転記＿売上伝票」という名前を付けました。

　まずは、フローチャートの「一覧表ブックの新規作成」→「アクティブシートの選択」→「ヘッダーの編集」→「最初の書き込み先を2行目に指定」→「売上伝票ファイル（Excelブック）の一覧を取得」するところまでを見てみましょう。

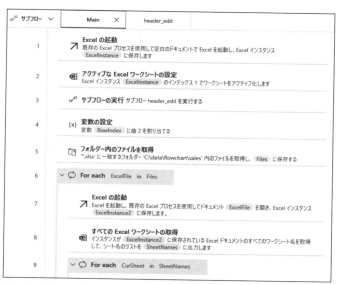

図5-5　売上一覧を作るフロー「Excel 転記＿売上伝票」の冒頭部分（9番目まで）

　Excel転記_売上伝票では一覧表を作成するフローは、Mainフローとheader_editサブフローの二つのフローで構成されます。

　Mainフローの三重のループの手前までをまず説明します。1番目は「空白のドキュメントでExcelを起動」だから、新規ブックの作成ですね。そして、このブックに1枚作成されているシートをインデックスで指定してアクティブにします（2番目）。Power Automateではシートのインデックスは1から始まります。このシートに各伝票から読み取ったデータを記入し、売上一覧を作成していくわけです。

　次にサブフローheader_editを実行します。このサブフローで売上一覧表のヘッダー項目名をアクティブなシートに記入するわけです。そして、RowIndexに2を代入します（4番目）。以降のフローで、ヘッダー行のすぐ下の行から順に売上明細を記入するためです。その最初の処理用の行として2行目を指定します。

▷ フォルダー内のファイルを取得するアクション

　5番目の「フォルダー内のファイルを取得」アクションが重要です。「フォルダー内のファイルを取得」はアクションのフォルダーグループにあります。詳細を見ていきましょう。

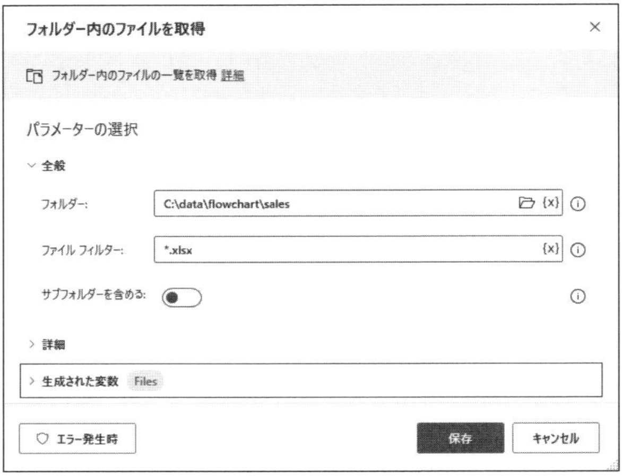

図5-6　「フォルダー内のファイルを取得」アクションの編集画面

　「フォルダー内のファイルを取得」アクションは指定したフォルダーにあるファイルの一覧を取得します。「フォルダー」に一覧を取得したいフォルダーを指定します（図5-6の①）。「ファイルフィルター」には「*.xlsx」を指定しています。*（アスタリスク）は任意の長さの任意の文字に一致するワイルドカードで、xlsxはExcel2007以降のブック形式の拡張子です。ですから、このファイルフィルターの意味は「Excelブックすべてを対象にする」となります。

　ここで「サブフォルダーを含める」はオフになっていますが、これをオンにすると、指定したC:\data\flowchart\salesフォルダーの下にあるサブフォルダーも掘ってくれます。「掘ってくれます」はプログラマーの専門用語かもしれません。あるフォルダーの中にさらにフォルダーが作られている場合、配下に作られているほうのフォルダーが「サブフォルダー」です。「掘ってくれます」とは、現在開いている（処理の対象となっている）フォルダー内にフォルダーがあれば、こうしたサブフォルダーにそれぞれ降りていき、そこにもフィルターに一致するファイルがないか探してくれるという意味です。このアクションにより取得したファ

イルの一覧は、生成された変数Filesに代入されます。

　6番目の「For each」にブレークポイントを設定して、フローを実行してFilesの内容を表示してみましょう。

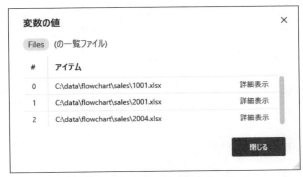

図5-7　**Filesに取得されたファイルの一覧**

　C:\data\flowchart\salesフォルダーにある*.xlsxのファイルの一覧が取得できていることが確認できました。その次の「For each」アクションによるループ処理でFilesからファイル名を一つずつ取り出して処理していくことになります。

▷ 三重のループですべてのファイルを処理

三重ループの全貌をざっと眺めてみましょう。大きい図になってしまうので、三分割したものをご覧ください。

ループ1（すべてのファイルを処理するまで繰り返す）

変数 ExcelFile が示す Excel ブックを開く

開いたブックに含まれるすべてシートを取得する

ループ2
（すべてのシートを処理するまで繰り返す）

売上伝票のデータを読み込む

図 5-8　三重ループの概要（6 〜 14 番目）

ループ3（明細行の数だけ繰り返す）

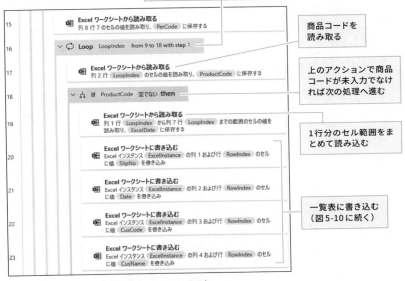

商品コードを
読み取る

上のアクションで商品
コードが未入力でなけ
れば次の処理へ進む

1行分のセル範囲をま
とめて読み込む

一覧表に書き込む
（図5-10に続く）

図5-9　三重ループの概要（15〜23番目）

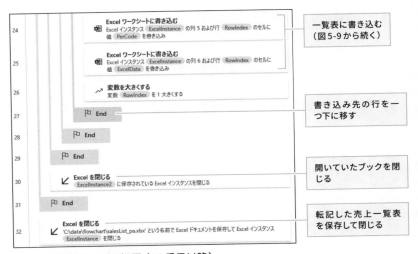

一覧表に書き込む
（図5-9から続く）

書き込み先の行を一
つ下に移す

開いていたブックを閉
じる

転記した売上一覧表
を保存して閉じる

図5-10　三重ループの概要（24番目以降）

要件定義とフローチャート

Power Automate

Python

最初のループ、つまり一番外側のループである「For each ExcelFile in Files」がすべてのExcelブックを処理するループです。

その次のループが「For each CurSheet in SheetNames」で、ブックに含まれるすべてのシートを処理するためのループです。

さらにその次の「Loop LoopIndex from 9 to 18 step 1」が、明細行をすべて処理するためのループです。このループの中には「If ProductCode 空でない then」という条件分岐があり、このアクションにより商品コードが入力されていたら転記するという判断ができます。

ここだけを取り出して見ると、

```
For each ExcelFile in Files
    For each CurSheet in SheetNames
        Loop  LoopIndex  from 9 to 18 step 1
            If ProductCode 空でない then
```

という構造になります。

▷ シートを開いてデータを読み込む

さて、重要な部分をくわしく見ていきましょう。まずは「すべてのExcelワークシートの取得」アクションです。

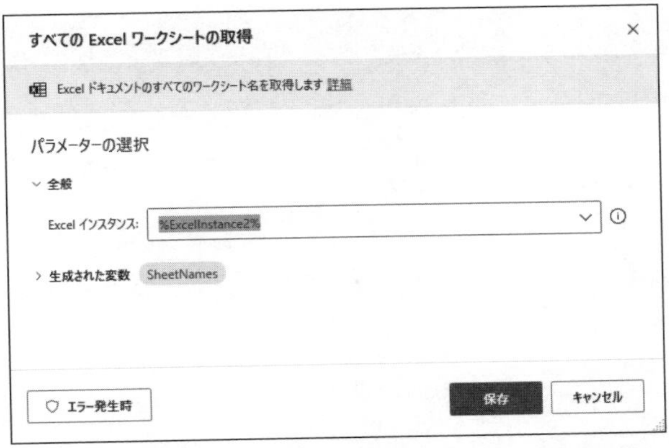

図5-11 「すべてのExcelワークシートの取得」の編集画面

　「すべてのExcelワークシートの取得」アクションは、アクション一覧の「Excel」グループを開くと見つけられます。パラメーターとして、「Excelインスタンス」を指定すると、Excelブック中のすべてのシート名を変数SheetNamesに取得できます。

　「For each CurSheet in SheetNames」のループの中ではまず売上伝票のヘッダー項目を読み込みます。元データは図4-2で示していますが、ここであらためて見ておきましょう。

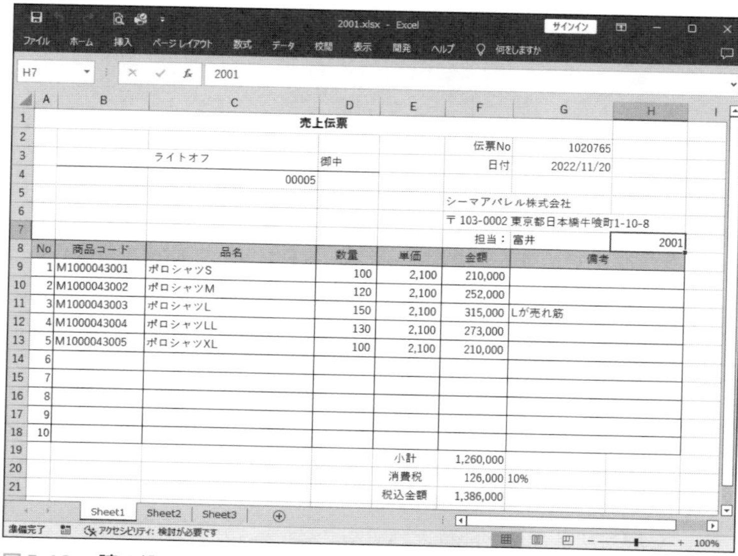

図 5-12　読み込み元となる売上伝票

　変数 SlipNo に読み込んでいるのは「伝票 No」(セル G2) です。同様に変数 Date はその下の「日付」、変数 CusCode は得意先名の下にある得意先のコード (セル C4) です。以下、CusName が得意先名、PerCode が担当者コードです。これらの項目はどの売上伝票の場合も共通で変わりません。

　3 番目のループとなる「Loop」アクションには「開始値」「終了」「増分」という 3 種類のパラメーターを指定します。それぞれが from、to、step になります。

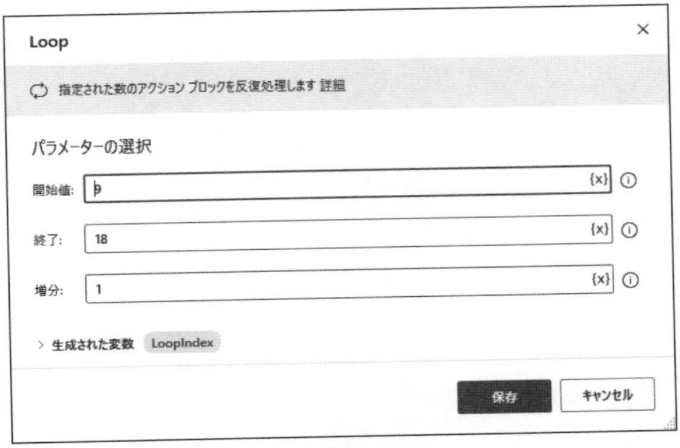

図5-13　**Loop**アクションで設定するパラメーター

　売上伝票シートには明細データが9行目に始まり、最大で18行目まで入力されている可能性があります。このアクションを選んだことにより生成された変数LoopIndexを使って、明細行のセルの値を読み取ります。

　まず商品コードを変数ProductCodeに読み込みます。ここでProductCodeが空でないかどうかを調べます。何も入力されていなかったら、その行には情報が入力されていない空白行と考えられますが、何らかの値が読み取れていたら、明細が入力されていると判断してその行のセル範囲を読み込みます。

　この1行から必要な情報を読み込むパラメーターを見てみましょう。

図 5-14　対象行から指定したセル範囲を読み込むよ
　　　　　うパラメーターを設定

　「Excelインスタンス」に指定してあるExcelInstance2は、その時
点で開いている売上伝票ブックです。処理としては、その中のあるシー
トのある明細行の値を読み込むということになりますが、セルの値を
一つずつ読み込むよう指定するのは項目がたくさんあると面倒です。
そこで「取得」に「セル範囲の値」を指定します。セル範囲なので先頭
のセルと最終のセルを指定する形で範囲を指定します。
　この処理の場合、1件の明細を示した1行分の中の複数セルですか
ら、「先頭行」と「最終行」はともに同じLoopIndexになります。

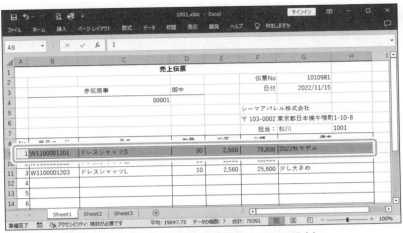

図5-15　1行分の明細を読み込む場合のセル範囲（9行目の場合）

　どの範囲を読み込むかというと、A列からF列です。つまり「先頭列」
が1、「最終列」が7となります。このようにパラメーターを設定するこ
とで、1件の明細から必要な値を読み込み、変数ExcelDataに保存し
ます。

▷ 読み込んだセル範囲を転記するフロー

　そして、一覧表への書き込み処理に進みます。ExcelInstance
が示すExcelブックは新規に作成した売上一覧表用のブックです。
SlipNo、Date、CusCodeなど、1枚の売上伝票に共通のヘッダー項目
を書き込んだら、6列目（F列）以降にセル範囲の値であるExcelData
を書き込みます。

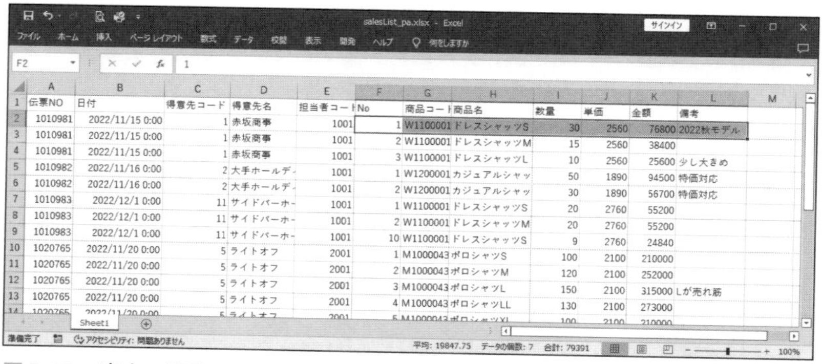

伝票NO	日付	得意先コード	得意先名	担当者コード	No	商品コード	商品名	数量	単価	金額	備考
1010981	2022/11/15 0:00	1	赤坂商事	1001	1	W1100001	ドレスシャッツS	30	2560	76800	2022秋モデル
1010981	2022/11/15 0:00	1	赤坂商事	1001	2	W1100001	ドレスシャッツM	15	2560	38400	
1010981	2022/11/15 0:00	1	赤坂商事	1001	3	W1100001	ドレスシャッツL	10	2560	25600	少し大きめ
1010982	2022/11/16 0:00	2	大手ホールデ	1001	1	W1200001	カジュアルシャッ	50	1890	94500	特価対応
1010982	2022/11/16 0:00	2	大手ホールデ	1001	2	W1200001	カジュアルシャッ	30	1890	56700	特価対応
1010983	2022/12/1 0:00	11	サイドパーホ-	1001	1	W1100001	ドレスシャッツS	20	2760	55200	
1010983	2022/12/1 0:00	11	サイドパーホ-	1001	2	W1100001	ドレスシャッツM	20	2760	55200	
1010983	2022/12/1 0:00	11	サイドパーホ-	1001	10	W1100001	ドレスシャッツS	9	2760	24840	
1020765	2022/11/20 0:00	5	ライトオフ	2001	1	M1000043	ポロシャツS	100	2100	210000	
1020765	2022/11/20 0:00	5	ライトオフ	2001	2	M1000043	ポロシャツM	120	2100	252000	
1020765	2022/11/20 0:00	5	ライトオフ	2001	3	M1000043	ポロシャツL	150	2100	315000	Lが売れ筋
1020765	2022/11/20 0:00	5	ライトオフ	2001	4	M1000043	ポロシャツLL	130	2100	273000	

図5-16　売上一覧表のサンプル

この処理により、転記する値がF列からL列までに展開され、これで1件の明細が一覧に転記できました。処理が進むとループが一つずつEndを迎えて行きます。フローにはEndが4回出てきますが、一番内側のEndはIf条件分岐のEndですので、ループのEndは3回分です。二つ目のEndまで来たら、売上伝票ブックに含まれるシートをすべて処理したわけですから、Excelインスタンスを閉じます。最初のループが次のExcelブックを開いて、同じ処理を繰り返します。

すべての売上伝票ブックを処理し終えたら、売上一覧表ブックに名前を付けて保存します。ここではsalesList_pa.xlsxというファイル名を指定していますが、保存場所であるディレクトリ（フォルダー）は売上伝票ブックがあるディレクトリよりも1階層上となるC:\data\flowchart\を指定しています。これは、売上伝票ブックの一覧を取得するファイルフィルターが*.xlsxなのでsalesディレクトリに保存してしまうと、再度処理したときに一覧表ブックも売上伝票ブックと判断され、不適切なデータを明細として読み込んでしまうからです。

▷ サブフロー「header_edit」の作成

　ここまではMainフローについて説明してきました。ここからは冒頭で呼び出しているサブフローであるheader_editについて解説しましょう。Mainフローでは、3番目のアクションでheader_editサブフローを実行しています。もう一度、フローの冒頭部分を見てください。

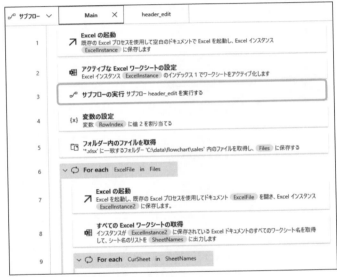

図 5-17　Mainフローの冒頭部分

　このheader_editを実行した段階では、転記先の一覧表は次のような状態になります。

図5-18 Mainの3番目のアクションとしてheader_editサブフローを実行した
段階の売上一覧表

　このように、header_editサブフローを実行すると売上一覧表に項
目名が書き込まれます。このサブフローをくわしく見ていきましょう。

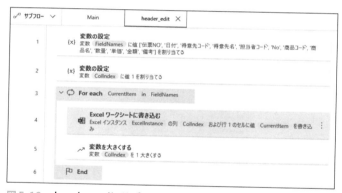

図5-19 header_editサブフロー

　header_editサブフローでも、For eachのループを使っています。
その理由は、header_editの最初の「変数の設定」アクションでヘッ
ダーの項目名をリストにしているからです。

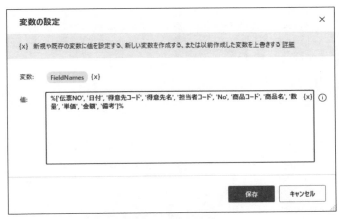

図 5-20　変数の設定で項目名のリストを作成

　このアクションでは変数FieldNamesを設定しています。ここで設定した値はリストです。各列の1行目に書き込む項目名を列挙し、最初と最後を［と］で囲むことによりリストを作りました。これを変数FieldNamesの値として代入しています。このリストFieldNamesからFor eachで項目名を一つずつCurrentItemに取り出して、ColIndexが指す列に書き込んでいます。

Pythonでプログラミング

　これでPower Automateのフローは完成です。このループだらけのフローがPythonで書くとどうなるか見ていきましょう。同じことを実現したPythonのコードを見てください。これを踏まえて、上から順に説明していきます。

コード5-1　複数の売上伝票から売上一覧を作成するsales_slip2list.py

```python
01  import openpyxl
02  import glob
03
04
05  SALES_SLIP_PATH = r"c:\data\flowchart\sales"
06  SALES_LIST_PATH = r"c:\data\flowchart"
07
08  def head_edit(sh):
09      header_tpl = ("伝票NO","日付","得意先コード","得意先
            名","担当者コード","No","商品コード","商品名","数量", \
10          "単価","金額","備考")
11      for col,title in enumerate(header_tpl):
12          sh.cell(1, col + 1).value = title
13
14  lwb = openpyxl.Workbook()
15  lsh = lwb.active
16
17  head_edit(lsh)
18
19  list_row = 2
20
21  file_lst = glob.glob(SALES_SLIP_PATH + r"\*.xlsx")
22  for file_obj in file_lst:
23      wb = openpyxl.load_workbook(file_obj)
24      for sh in wb:
25          for dt_row in range(9,19):
26              if sh.cell(dt_row, 2).value != None:
```

```
27          lsh.cell(list_row, 1).value =
                    sh.cell(2, 7).value        ←伝票NO
28          lsh.cell(list_row, 2).value =
                    sh.cell(3, 7).value.date()    ←日付
29          lsh.cell(list_row, 3).value =
                    sh.cell(4, 3).value      ←得意先コード
30          lsh.cell(list_row, 4).value =
                    sh.cell(3, 2).value       ←得意先名
31          lsh.cell(list_row, 5).value =
                    sh.cell(7, 8).value       ←担当者コード
32          lsh.cell(list_row, 6).value =
                    sh.cell(dt_row, 1).value     ←No
33          lsh.cell(list_row, 7).value =
                    sh.cell(dt_row, 2).value    ←商品コード
34          lsh.cell(list_row, 8).value =
                    sh.cell(dt_row, 3).value   ←商品名
35          lsh.cell(list_row, 9).value =
                    sh.cell(dt_row, 4).value     ←数量
36          lsh.cell(list_row, 10).value =
                    sh.cell(dt_row, 5).value      ←単価
37          lsh.cell(list_row, 11).value =
     sh.cell(dt_row, 4).value * sh.cell(dt_row, 5).value ←金額
38          lsh.cell(list_row, 12).value =
                    sh.cell(dt_row, 7).value     ←備考
39          list_row += 1
40     wb.close()
41
42  lwb.save(SALES_LIST_PATH + "\salesList_py.xlsx")
43  lwb.close()
```

importするライブラリは二つです。openpyxlのほかに、ファイル一覧を取得するためにglobもインポートします。

5行目のSALES_SLIP_PATHで売上伝票ブックが保存されているディレクトリを指定します。後ろのほうのコードでglob関数を使い、ここにある*.xlsxファイルの一覧を取得するときに使います。その次のSALES_LIST_PATHはプログラムで作成した売上一覧表ブックを保存するディレクトリです（6行目）。

ヘッダーを作る処理を関数に

その次の8行目からのdefで始まるコードで、オリジナルの関数を定義しています。このhead_edit関数は、売上一覧表のヘッダーを書き込む役割を持ちます。引数として受け取っているshはシートオブジェクトを想定しています。実際に関数を実行するときは、このシートオブジェクトを売上の一覧表を作るシートとして指定することになります。

head_edit関数の内容を見ていきましょう。変数にheader_tplを用意して、すべての項目名を列挙したタプルを用意しています。第3章でも触れた通り、［と］で囲むのがリストで、（と）で囲むのがタプルです。どちらも他のプログラミング言語でいうところの「配列」や「リスト」に似た性質を持っていますが、Pythonではリストはミュータブル（変更可能）でタプルはイミュータブル（変更不可）です。ここでは一覧表の項目名という固定的な文字列を連続して扱いたいだけなので、意図的にタプルを使っています[*1]。

11行目からのfor in文の中で取り出した項目名を1行目の各列に書き込んでいきます。そのために使っているのがenumerate関数です。enumerate関数はリストやタプルからインデックスと値を一つずつ取

り出します。たとえば、このコードで

```
for col,title in enumerate(header_tpl):
```

を実行すると、ループの1周目ではcolに0、titleに「伝票NO」をそれ
ぞれ取り出せます。

　このようにenumerate関数が返すインデックスをもとに、書き込む
セル番地を

```
sh.cell(1, col + 1)
```

として指定します。行番号、列番号の順で引数を記述しますが、セルオ
ブジェクトでは開始位置が行、列とも1になります。行番号の1は固定
の値として直接入力していますが、列番号はenumrate関数の戻り値
を使います。このときのインデックスは開始値が0のため、列番号を指
定するときに

```
col + 1
```

と、戻り値に1を加えて列番号指定に使っています。Pythonをはじめ
とするプログラミング言語ではインデックスは一般的に0から始まるか
らです。その際は

```
cell(行番号, 列番号)
```

と記述します。

▷ 三重のループですべての明細を転記

　以降のコードが、Power AutomateのMainフローにあたる部分です。14行目の

```
openpyxl.Workbook()
```

で新規ブックを作成し、次の行の

```
lwb.active
```

で新規ブックに1枚作成されているシートをアクティブにします。この2行の記述により変数lwbの新規ブックに対して、変数lshでそのシートを操作できるようになります。
　17行目では

```
head_edit(lsh)
```

とシートオブジェクトを代入した変数lhsを引数としてhead_edit関数に渡して実行します。19行目は以降のコードで一覧表に値を書き込む際の開始行として、変数list_rowに2を入れています。
　21行目からが、明細データを読み取って、一覧表に転記していく処理です。globモジュールのglob関数でファイルリストを変数file_lstに取得して、22行目の

```
for file_obj in file_lst:
```

で一つずつ売上伝票ブックのファイル名を取り出し、各ブックで同じ処

理を繰り返していきます。この22行目から三重のループが始まります。
ループだけを取り出すと

```
for file_obj in file_lst:…ファイル一覧からすべての
                                    ファイル名を取り出す
    for sh in wb:    …ブックのすべてのシートを処理する
        for dt_row in range(9,19):…9行目から19行目の
                                    手前までを処理する
```

という構造です。
　22行目の最初のループでは、file_lstからfile_objに処理対象の
ブックを取り出しています。これを引数として

```
openpyxl.load_workbook(file_obj)
```

というコードでこの売上伝票ブックを開き、変数wbで扱えるようにし
ました。

```
24    for sh in wb:
```

で、2番目のループが始まります。file_objに取り出したブックに存在す
るシートを、ループが回るごとに順に変数shに取得します。
　続く25行目からが3番目のループの記述で

```
25            for dt_row in range(9,19):
```

では、range関数を使っています。このオブジェクト

```
range(9,19)
```

は第一引数（ここでは9）から第二引数（ここでは19）の手前までの
値を返します。このため dt_row の値はループの中で9から18まで変
化します。

26行目の if の条件分岐は

```
26                    if sh.cell(dt_row, 2).value != None:
```

と記述することで、売上伝票シートの明細行B列（2列目）に商品コー
ドが入っているかどうかを調べています。None は値が入っていないこ
とを示し、!= 演算子の意味は Not Equal（ノットイコール）です。この記述
により「入っていなくない」つまり「入っている」ことを条件にできるの
です。

商品コードが入力されていれば、転記の処理に進みます。27行目か
ら38行目のコードで sh（売上伝票シート）から lsh（売上一覧表シート）
に各項目を転記します。

▷ 日付の扱いと数式のセルに注意が必要

転記処理の中に2点注意の必要なコードがあります。その理由は、
日付の扱いと数式のセルの読み込みに落とし穴があるためです。まず
は日付を扱う上でのデータ型から説明しましょう。28行目のコードで
は、Excel 上の表示が日付だからとデータ型を考慮せずに

```
sh.cell(list_row, 2).value = sh.cell(3, 7).value
```

と記述して転記してしまうと、一覧表では日時（datetime）型の値とし
て転記されてしまいます。このため、日時に続けて不要な 0:00:00 と
いう時刻の表記が付いてしまいます。これを避けるために

```
sh.cell(list_row, 2).value = sh.cell(3, 7).value.date()
```

とdateを明示的に記述することで、日付だけを転記できます。

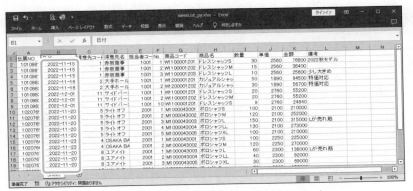

図5-21　sales_slip2list.pyを実行して生成したsalesList_py.xlsx

　また、Power Automateでは意識しなくてもよかったのですが、売
上伝票の明細を見ると「金額」を示すセルには数量×単価の計算式が
入っています。

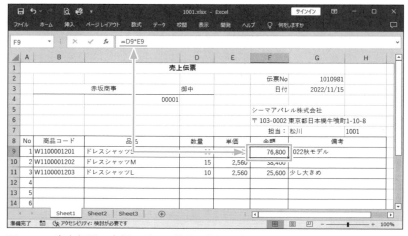

図5-22 売上伝票の金額の列には数量×単価で算出するような数式が入力されているが、Excelの表示では計算結果が表示されている

このため、対象のセルの値を読み出そうと

```
lsh.cell(list_row, 11).value = sh.cell(dt_row, 6).value
```

としてしまうと、セルの計算式が計算式としてそのまま

```
lsh.cell(list_row, 11).value
```

に入ってしまいます。これを避けるために37行目ではExcel上のセルと同様に

```
sh.cell(dt_row, 4).value * sh.cell(dt_row, 5).value
```

と、数量の値と単価の値でかけ算を実行し、その計算結果を代入しています。

なぜ、Power Automateでは意識する必要がなかったのか？ フローに戻って確かめてみましょう。

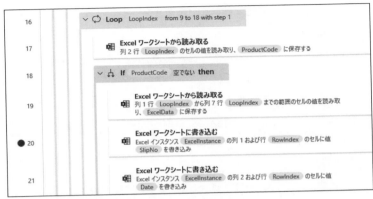

図5-23　**Power Automateで作成したMainフロー**

　19行目で明細行の1列から7列までを変数ExcelDataに入れています。そこで20行目にブレークポイントを置いて実行し、ExcelDataを表示させてみました。

#	Column1	Column2	Column3	Column4	Column5	Column6	Column7	
0	1	W1100001201	ドレスシャツ/S	30	2560	76800	2022秋モデル	

変数の値

ExcelData (Datatable)

図5-24　**明細データを読み込んだあとにExcelDataを表示したところ**

すると、金額に該当するColumn6には76800という計算結果が読み込めています。Power Automateでは計算式ではなく計算結果をセルから取得してくれるのですね。

　Power Automateのフローと比較するという観点では補足しておきたい点があります。

　フォルダー内のブックをすべて読み込み、ループにより処理するというコードを21行目、22行目で

```
21   file_lst = glob.glob(SALES_SLIP_PATH + r"\*.xlsx")
22   for file_obj in file_lst:
```

のように書きました。実はこれ、ちょっと冗長で、Pythonではもっとスッキリした書き方ができます。でも、このように書いたのはPower Automateと個々の処理をそろえて比較できるように合わせたかったためです。その点を考慮しなければ、この2行はまとめて

```
for file_obj in glob.glob(SALES_SLIP_PATH + r"\*.xlsx"):
```

のように1行で書くことができます。Pythonではこんな書き方もできると覚えておいてください。

> > > > > > > > > > >

　スキルアップのためには「自分はこのプログラミング言語専門でやっていく」とか「このツールだけを極めるのだ」とスコープを狭めて深掘りしていくこともよいとは思います。でも、Power Automateならでは、Pythonならではの特徴やメリットがあるのも確かです。いろいろなプログラミング言語やツールに触れて、違いを知っていくことも理解を深めるのに役立つと思います。プログラミングについていうならば、ときどきは"浮気"もしてみてもいいんじゃないでしょうか。

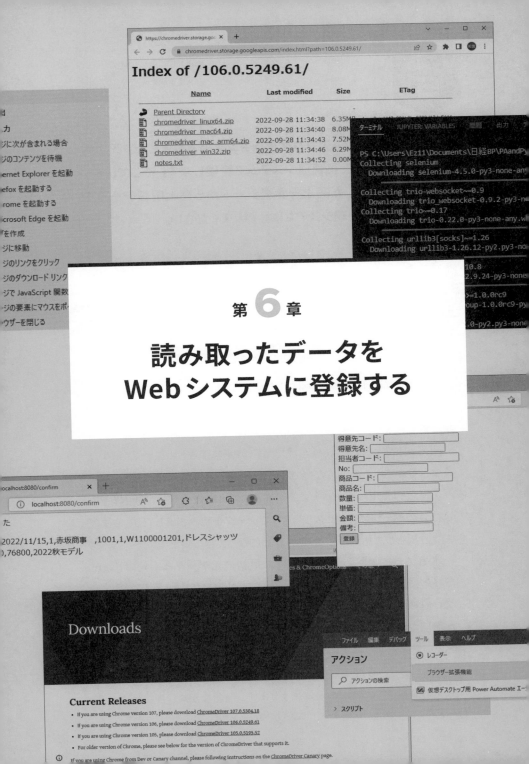

第 **6** 章

読み取ったデータを Webシステムに登録する

販売管理のWebアプリケーションを導入しました。売上明細は今後、この販売管理システムで管理します。そこで、ミッション4で作成した売上一覧表シートから売上明細データをWeb上の販売管理システムに登録してください。

Webアプリケーションの準備

　ミッション5はミッション4の続きです。とはいっても、本章のミッションはこれまでとは大きく異なり、自分のパソコン内でデータが完結するのではなく、データの登録先がWebアプリケーションです。

　実際の業務では、Excelだけで業務が完結するというケースは少なくなってきているのではないでしょうか。さまざまな業務がWebアプリケーションとしてサーバーに実装され、Webブラウザーで社内もしくは社外のページにアクセスし、そこでデータを読み書きしたり、さまざまな分析をしたりといったことが普通になってきています。

　本書で見てきたような業務では、最初の元データは手元のExcelだったとしても、最終的に整えたデータはWebアプリケーションにアップロードするといったケースも多いでしょう。そこで本章では、そうした環境ではどのようにExcel操作を自動化すればいいかを見ていこうと思います。

　でも、どういったデータを作らなければならないかは、データの登録先のWebアプリケーションによります。残念ながら、どんなWebア

プリケーションにも対応するプログラムはありません。このため、本章
ではそうしたWebアプリケーションとの連携について基本的な部分を
しっかり理解していただけるように構成しました。皆さんが業務で使っ
ているWebアプリケーションは千差万別だと思いますが、応用が利く
ように解説したつもりです。

　本章ではWebアプリケーションにデータを登録するところまでやっ
てみようと思っていますが、皆さんの会社で使っているリアルな業務ア
プリケーションを使うわけにはいきません。そこで、シンプルなWebア
プリケーションを皆さんのパソコン上に用意することにしました。これ
を架空のWebアプリケーションとし、これと連携するプログラムを考え
ていこうと思います。

　このため本章ではWebアプリケーションの作成から始めます。Web
アプリケーションを作るなんて、とても大変そうだと思われるかもしれ
ませんね。ここで作成するWebアプリケーションは、通常Webアプ
リケーションが備える入力データのチェック機能やデータベースへの
登録機能はなしで、単に入力ができて入力したデータを表示するだけ
のものとします。Power AutomateやPythonでExcelデータをWeb
アプリケーションに自動登録する処理を作成することが目的なので、
Webアプリケーションとしてはデータの出入り口があるだけの、ごく単
純なもので十分だからです。

　とはいえ、単純な機能のものでもWebアプリケーションを作るのに
は大変な労力が必要です。用意しないといけないソフトウェア上の仕
組みが多いからです。そこで、本章では一般に使われているWebアプ
リケーション用のフレームワークを使います。Webアプリケーション共
通の処理や細かい処理はWebフレームワークというプログラムの集り
に任せます。Webアプリケーションの開発としては、自分がやりたいこ
とだけを記述することにします。

要件定義とフローチャート / Power Automate / Python

▷ WebフレームワークにBottleを選択

すでに皆さんのパソコンにはPythonがインストールされています。そこで、WebアプリケーションもPythonベースで作りましょう。PythonにもWebアプリケーションフレームワークが公開されています。

表6-1　Pythonの主なWebアプリケーションフレームワーク

名前	特徴
Django（ジャンゴ）	多機能万能型フレームワーク
Flask（フラスク、フラスコ）	軽量で高速な動作が特徴
Tornado（トルネード）	非同期通信も可能
Bottle（ボトル）	シンプルな構成で扱いやすい

この中で主流といえるWebフレームワークはDjangoです。ただ皆さんのテスト環境のために本書で取り上げるには、Djangoは多機能過ぎるので理解するのにも、セットアップするのにも時間がかかります。ですから、ここでは最もシンプルなフレームワークであるBottleを使います。

▷ Bottleをパソコンにインストール

本来のWebアプリケーションであれば、サーバーを別途用意して、サーバーにPythonとBottleをインストール。サーバー用のプログラミングをして、パソコンではWebブラウザーでサーバーにアクセスするという使い方になるでしょう。サーバーが社内ネットワークにあることもあれば、インターネット上にというケースもあります。でも、その環境を

本書の学習のために作り上げるのは負担が大きすぎます。

そこで、テスト用の環境を皆さんがお使いのパソコン上に作ることにします。そうすることでパソコンが、Webアプリケーションが動作するサーバーでもあり、通常の使い方をするクライアントでもあり、Pythonプログラムを作成する開発環境にもなるというわけです。

同じパソコン上ではありますが、プログラムの動作としては1台のクライアントから1台のサーバーにアクセスすることになり、通常のWebアプリケーションを利用するときと同じ動作になります。ネットワークや通信上の動作として、同じコンピューター同士で通信しているという状態なのが、通常のアクセスと異なって見えるところです。

では、Bottleをインストールしましょう。Bottleフレームワークも外部ライブラリなのでターミナルに

```
pip install bottle
```

と入力してインストールします。

図6-1　VS CodeのターミナルからpipコマンドでBottleをインストール

本書で使うBottleを使ったWebアプリケーションを見ていただきましょう。いきなりこんなプログラムが出てきたらビックリしてしまうかもしれませんね。Webアプリケーションの作成は本書の目的ではありません。Bottleがどのように動作するのかについて、Webアプリケーションのほんの入り口として、ザックリと概要だけを理解してください。ここではそれで十分です。

このbottle01.pyは、まず売上明細を入力するページを表示します。このページにformタグで作成されるフォームが表示されます。ユーザーはこのフォームに入力欄に応じた売上明細データを入力します。bottle01.pyは、このフォーム経由で受け取った各項目値をもとに、次のページで「登録しました」という文字列とともに入力値を表示します。bottle01.pyは、50行弱のプログラムで上記の機能を提供します。

コード6-1　本書の学習用に作成したWebアプリケーションのbottle01.py

```
01   from bottle import route,run,request
02
03
04   @route("/add")
05   def add():
06       return """
07   <html lang="ja">
08       <head>
09           <meta charset="UTF-8">
10           <title>Excel自動化</title>
11       </head>
12       <body>
13           <form action="/confirm" method="POST">
14               伝票番号: <input name="splitNo"
                                   type="text" /><br>
15               日付: <input name="date" type="text"
                                   /><br>
16               得意先コード: <input name="cusCode"
                                   type="text" /><br>
17               得意先名: <input name="cusName"
                                   type="text" /><br>
```

```
18          担当者コード: <input name="perCode"
                                type="text" /><br>
19          No: <input name="no" type="text"
                                    ><br>
20          商品コード: <input name="proCode"
                                type="text" /><br>
21          商品名: <input name="proName"
                                type="text" /><br>
22          数量: <input name="quantity"
                                type="text" /><br>
23          単価: <input name="unitPrice"
                                type="text" /><br>
24          金額: <input name="amount" type="text"
                                    /><br>
25          備考: <input name="remarks" type="text"
                                    /><br>
26          <input value="登録" id="btnSubmit"
                                ype="submit" />
27       </form>
28      </body>
29    </html>
30    """
31 @route("/confirm", method="POST")
32 def do_add():
33     input_lst =[]
34     input_lst.append(request.forms.
                            getunicode("splitNo"))
35     input_lst.append(request.forms.getunicode("date"))
36     input_lst.append(request.forms.
```

```
                                    getunicode("cusCode"))
37      input_lst.append(request.forms.
                                    getunicode("cusName"))
38      input_lst.append(request.forms.
                                    getunicode("perCode"))
39      input_lst.append(request.forms.getunicode("no"))
40      input_lst.append(request.forms.
                                    getunicode("proCode"))
41      input_lst.append(request.forms.
                                    getunicode("proName"))
42      input_lst.append(request.forms.
                                    getunicode("quantity"))
43      input_lst.append(request.forms.
                                    getunicode("unitPrice"))
44      input_lst.append(request.forms.
                                    getunicode("amount"))
45      input_lst.append(request.forms.
                                    getunicode("remarks"))
46      return '<p id="conText">登録しました</p>' \
47              + ",".join(input_lst)
48
49  run(host='localhost', port=8080)
```

　まず、bottleフレームワークからroute、run、requestの各ライブラ
リをインポートします。

▷ @routeでURLと関数をひも付ける

@routeはrouteデコレータといいます。これにより、urlのパスと関数をマッピングします。具体的には、4行目の

```
@route("/add")
```

という記述により、bottle01.pyが動作しているサーバーに対して、/addにアクセスがあったとき、次の行からの処理をするという動作になります。次の5行目が

```
def add():
```

であることからわかるように、5行目からはadd()関数を定義しています。4行目のrouteデコレータの記述により、/addにアクセスがあったらadd()関数を実行するというところまでを指定したことになります。

add()関数はreturnで入力フォームを表示するWebページのコード（HTMLデータ）を返します。このページでは伝票番号から始まる各項目を入力したあと、submitボタンである「登録」ボタンを押すと、form actionで指定している/confirmに移動します[*1]。

すると、31行目に記述したrouteデコレータ

```
@route("/confirm", method="POST")
```

の効果で、今度は32行目のdo_add関数が実行されます。do_add

---

*1 ここでは、HTMLの記述について詳細に説明することは控えます。興味のある方は、ぜひご自分で調べてみてください。

関数ではフォームで入力された各項目値をリストinput_lstに入れていきます。

34行目から45行目が、フォームの入力値をinput_lstに追加していく処理です。ここで

```
request.forms.getunicode
```

と記述したように、getunicodeという少し長い名前のメソッドを使っています。その理由は、日本語の入力値がある可能性を考慮したためです。getメソッドという基本のメソッドもあるのですが、これだと日本語を取得すると文字化けすることがわかっているため、getunicodeメソッドをわざわざ使いました。今後、Bottleで入力値を受け取るようなWebアプリケーションを作るときに、ぜひ思い出してください。

入力値をinput_lstに格納する処理が終わったら、「登録しました」という文字列とともにjoin関数を使ってリストの各要素を、(カンマ)で連結して返しています(46、47行目)。

このjoinメソッドもおもしろいメソッドです。joinメソッドは

連結文字列.join(連結させる文字列が格納されたリスト)

の形式で記述します。今回はカンマ区切りにしたかったので「,」を連結文字列に指定して

```
",".join(input_lst)
```

と記述しましたが、いろいろな文字を指定することができます。スペースを入れることも可能です。

最後のrun関数で、bottleフレームワークのWebサーバーを起動します。引数に

```
host='localhost', port=8080
```

を指定しているので、bottle01.pyを実行後にWebブラウザーから

```
http://localhost:8080/add
```

にアクセスすると、add関数が入力フォームを返します。その結果、
Webブラウザー側では入力フォームのあるWebページが開きます。
そして、それぞれの値をユーザーが入力し、typeをsubmitとした「登
録」ボタンをクリックすると、ページは/confirmに移動します。これ
により、bottle01.pyは31行目のrouteデコレータにより、移動先の
Webページ（/confirm）を開く代わりに、do_add関数を実行します。
その結果、Webブラウザー上では/addで入力された値が「登録しまし
た」というメッセージとともに表示されるというわけです。

　本来であればWebアプリケーションを開発するとなると、このよう
に入力された値を表示するだけではなく、入力値が適切かをチェック
して、データベースに登録するという処理も必要です。そこまでやれ
ば、いわゆるWebアプリケーションになっていくわけです。ただ今回
は学習環境用にWebアプリケーションを用意するという主旨なので、
プログラムとしては"手抜き"になりました。この点は、ひな形をご紹
介したものとご理解ください。

　VS Codeでbottle01.pyを開き、「実行」メニューの「デバッグなし
で実行」を選択してWebアプリケーションを起動しました。

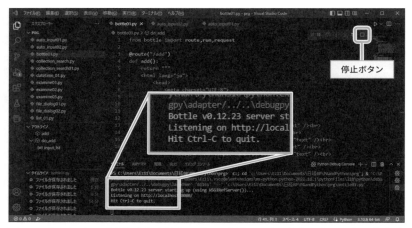

図 6-2 VS Codeで実行したときはキーボード操作のほか、右上の赤い四角の停止ボタンでWebアプリケーションを終了することもできる

ターミナルに

```
Hit Ctrl-C to quit.
```

と表示されていることからもわかる通り、起動したbottle01.pyはターミナルでCtrl＋Cで終了させることができます。また、画面右上の赤い四角の停止ボタンを押してWebアプリケーションを終了させることもできます。

要件定義

Webアプリケーションの準備ができたところで、要件定義に進みましょう。ミッションの主な内容は、Webアプリケーションの画面に入力する操作の自動化です。そこで、まずはWebアプリケーションが表示

するページを見てみましょう。http://localhost:8080/addにWebブ
ラウザーでアクセスしたとき、次のようなページが表示されます。

図6-3　**Webアプリケーションが表示した入力画面**[2]

このフォームに売上一覧表のデータを1行ずつ自動入力していくの
です。ここで売上一覧表シートを見ておきましょう。

＊2　画面はEdgeでの表示

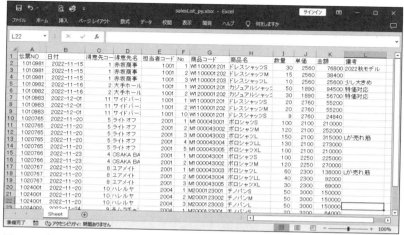

図 6-4　売上一覧表

　今回のミッションは、

・売上一覧表のデータをすべて Web アプリケーションに登録する

というシンプルな処理が要件です。ベースはミッション4で固まっていますし、書き込み先が Web アプリケーションという違いがあるだけなので、フローチャート自体はもう書かなくても処理をイメージできるでしょう。売上一覧表シートの全行を読み込んで、Web アプリケーションに登録するというループがあればよいわけです。なので、さっそく実装に進みましょう。

Power Automateでフロー作成

　まず、Power Automateでフローを作成していきます。このミッションではMainフローに加えて、サブフローを一つ作成することにしようと思います。

　どういう処理をサブフローにするか、最初に説明しておきましょう。Excelを起動して、売上一覧表をDataTableに読込み、For eachのループで1明細行ずつ読込み、Webアプリケーションに入力していくわけですが、1明細行をWebアプリケーションに入力する部分をサブフローにします。ある程度、予想が付いた人もきっといるのでは？

　このようにサブフローに分けると、Mainフローはとてもスッキリします。

図6-5　「Webアプリ入力」のMainフロー

最初のアクションは「Excelの起動」です。これまで見てきたフローと同じですね。このアクションで、売上一覧表のあるブックであるC:\data\flowchart\salesList_py.xlsxを開きます。これにより以降は変数ExcelInstanceを使ってsalesList_py.xlsxを操作できるようになります。そして2番目のアクションで、インデックスに1を指定して、ExcelInstanseのワークシートをアクティブにします。これまでに何度か説明しましたが、Power Automateでは、ワークシートのインデックスは1から始まります。

次にデータが入力されているセル範囲をDataTableに読込むために、ワークシートから最初の空の列や行を取得します（3番目）。そして、ここで取得したFirstFreeColumnとFirstFreeRowをもとに、データが入力されているセルの値を読み込みます。具体的には、最初のセルが列1、行2で、最後のセルは列がFirstFreeColumn - 1、行がFirstFreeRow - 1までの範囲が対象です。この範囲の値をDataTableとして読み込ます。その際の変数名はExcelDataです（4番目）。そして、Excelを閉じます（5番目）。ここまでは、これまで何度も見てきたフローですね。

▷ Webブラウザーで指定したURLを開くフロー

次（6番目）のアクション「新しいMicrosoft Edgeを起動」が今回のフローでは最も重要なアクションです。Edgeを始めとするブラウザーを起動するアクションは、画面左のナビゲーションメニューから「ブラウザー自動化」を開いた中にあります。

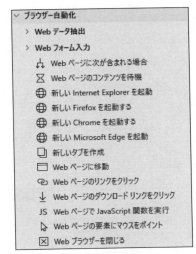

図6-6　ブラウザー自動化を開いたところ

　起動することができるWebブラウザーとしてはChromeやFirefox
も使えますが、今回はブラウザーとしてEdgeを利用します。
　「新しいMicrosoft Edgeを起動」アクションでは「初期URL」を指
定します。ここではBottleで作成したWebアプリケーションのURLで
ある「http://localhost:8080/add」を指定します。

図6-7 「新しいMicrosoft Edgeを起動」アクションの編集
画面

Webブラウザーに Power Automate の拡張機能を追加

　これで変数Browserを通してEdgeの操作が可能になります。この
アクションを追加した際に、ブラウザーに拡張機能を追加するよう促
すダイアログが表示されるかもしれません。「かもしれません」というの
は、第1章で見た通りPower Automateのインストール時に拡張機能
をインストールすることができるからです。

　Edgeに拡張機能をインストールするダイアログが表示されたら、「拡
張機能の取得」をクリックします。

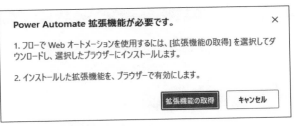

図6-8　拡張機能を取得する

　次に拡張機能をオンにすることを促すダイアログが表示された
ら、「拡張機能をオンにする」をクリックしてください。これでPower
AutomateとEdgeが協調します。

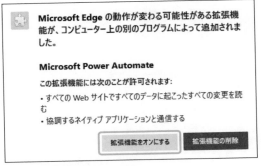

図6-9　拡張機能をオンにする

　ここまでの過程で拡張機能を追加できなかった場合、Power
Automateの「ツール」メニューからからブラウザー拡張機能を設定
することもできます。

図6-10 「ツール」メニューからブラウザー拡張機能を操作する

▷ ループの中でサブフローを呼び出す

話をMainフローに戻します。

図6-11 Mainフロー（再掲）

　7番目のFor eachで、DateTableであるExcelDataから売上明細の1行分をCurrentItemに取得します。これを以降、明細行を1行ずつ、すべての行を処理するまで同じ処理を繰り返します。繰り返す処

理は、サブフローのweb_inputです。。このときCurrentItemには以下のように各項目の値が入っています。

表6-2 **CurrentItemに格納されている項目とそのインデックス**

インデックス	0	1	2	3	4	5	6	7	8	9	10	11
項目	伝票NO	日付	得意先コード	得意先名	担当者コード	No	商品コード	商品名	数量	単価	金額	備考

　サブフローの動作を見る前に、Mainフローを最後まで見ておきましょう。最後のアクションは「Webブラウザーを閉じる」です。Webブラウザーを起動するときと同様、ナビゲーションメニューの「ブラウザー自動化」グループにあるアクションです。

▷ WebページのUI要素ごとに入力値を対応させる

　サブフローweb_inputの前半部分はCurrentItemリストの各値をフォームに入力する処理です。CurrentItem[0]、CurrentItem[1]、CurrentItem[2]……とリスト内の要素を、順に対応するinputタグで作成した入力欄に入力していく処理です。splitNoやdate、cusCodeなどのinputタグのname属性に指定した名前でテキストフィールドを識別しています。

図6-12　サブフローweb_inputの前半部分

　Webページ上のどの欄にどの値を入力するかは「Webページ内の
テキストフィールドに入力する」アクションの「UI要素」で指定します。
ただ、この設定は、従来のプログラミングに慣れた人にとっては、逆に
迷いやすいところかもしれません。

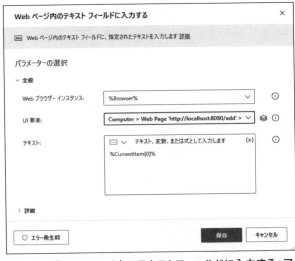

図 6-13 「Webページ内のテキストフィールドに入力する」ア
クションの編集画面

　「UI要素」の入力欄をクリックすると、UI要素の追加と選択をする
ことができます。input text 'splitNo'、input text 'date'、input text
'cusCode'など、Webページ上の入力欄がリストアップされているの
で、値をどこに入力するかはこの中から選択することができます。

図6-14 「UI要素」をクリックしてプルダウンメニューを開い
たところ

　もちろん、この選択肢は最初からリストアップされているわけではあ
りません。あらかじめWebブラウザーでhttp://localhost:8080/add
を開いておき、Power Automateでは図6-14の画面で「UI要素の追
加」を選びます。すると「UI要素ピッカー」画面が開くので、目的のペー
ジを開いたWebブラウザーをアクティブにします。その状態でWeb
ページ上でマウスポインターを動かすと、UI要素ピッカーが自動的に
Webページ上のUI要素を自動的に認識し、各要素を赤い四角で囲み
ます。入力先のテキストボックスが認識されたときにCtrl＋左クリック
を押すと、Power Automateで操作可能なUI要素として追加できま
す。

図6-15 「UI要素ピッカー」で入力先のテキストボックスを追加する

　追加したUI要素を図6-14の画面で選択し、「テキスト」に
CurrentItem[0]のように入力する値を設定します。この操作を繰り
返し、入力対象のテキストボックスをinputタグのテキストフィールドと
して追加、入力する値を指定するという操作を繰り返し、すべての入力
を設定します。

　ただし、日付（CurrentItem[1]）だけは日付（datetime）型なので
「datetimeをテキストに変換」アクションで文字列に変換してから入
力しています（サブフローweb_inputの2、3番目）。

図 6-16 「datetimeをテキストに変換」アクションの編集画面

サブフローweb_inputの後半部分に進みましょう。

サブフロー ∨		Main	web_input
9	Web ページ内のテキスト フィールドに入力する エミュレート入力を使ってテキスト フィールド Input text 'proName' に CurrentItem [7] を入力します		
10	Web ページ内のテキスト フィールドに入力する エミュレート入力を使ってテキスト フィールド Input text 'quantity' に CurrentItem [8] を入力します		
11	Web ページ内のテキスト フィールドに入力する エミュレート入力を使ってテキスト フィールド Input text 'unitPrice' に CurrentItem [9] を入力します		
12	Web ページ内のテキスト フィールドに入力する エミュレート入力を使ってテキスト フィールド Input text 'amount' に CurrentItem [10] を入力します		
13	Web ページ内のテキスト フィールドに入力する エミュレート入力を使ってテキスト フィールド Input text 'remarks' に CurrentItem [11] を入力します		
14	Wait 2 秒を待機します		
15	Web ページのボタンを押します Web ページのボタン Input submit '登録' を押します		
16	Web ページのコンテンツを待機 Web ページにテキスト '登録しました' が表示されるまで待機します		
17	Wait 2 秒を待機します		
18	Web ページに移動 'http://localhost:8080/add' に移動		

図 6-17 サブフローweb_inputの後半部分

ここで先に、このサブフローを含めたフロー全体を実行した場合の
画面を見てください。

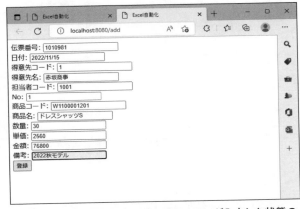

図6-18 「備考」欄までPower Automateが入力した状態の
Webページ

　図6-17の13番目のアクションまででExcelからの入力は終わりで
す。次に「Wait 2秒を待機します」アクションがありますが（14番目）、
これは処理には関係がありません。入力した内容を目で見て確認する
時間を作るために、処理を少し止めているだけです。確認が不要で、
すべてフローまかせでいいということであれば、フローから削除しても
かまいません。ちなみにこのアクションは「フローコントロール」グルー
プにあります。
　次のアクションはsubmitボタン（送信ボタン）に設定してある登録
ボタンを押す処理です。

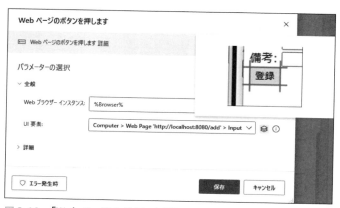

図6-19 「Webページのボタンを押します」アクションの編集画面

　「Webページのボタンを押します」アクションでは、「UI要素」に登録ボタンを指定しています。テキストボックスの横のアイコンにカーソルを合わせると、ここで指定したUI要素がWebページ上のどの部分なのかがポップアップで表示されます。ここで、目的のボタンであることを確認できます。もちろん、この「登録」ボタンもあらかじめ「UI要素要素ピッカー」で追加したものです。

　入力した値をこのアクションで登録（submit）すると、Webアプリケーション側の処理は/confirmにマッピングされているdo_add関数に移っていきます。これはbottle01.py（コード6-1）の31行目で記述したコードによる動作です。

　なお、「Webページのボタンを押します」アクションは「ブラウザー自動化」グループ内の「Webフォーム入力」グループにあります。

▷ 処理が成功したことを確認するアクションを挿入

　その次の16番目の「Webページのコンテンツを待機」アクションは、実はこのサブフローが適切に動作するために重要なアクションです。

要件定義とフローチャート

Power Automate

Python

　bottle01.pyの31行目のところで説明したように、confirmページでは「登録しました」という固定の文字列とともに、登録した内容をカンマ刻みで出力します。今回のBottleで作成したWebアプリケーションでは、bottle01.pyを起動している状態でこのフローを実行すれば、ほぼ100％の確率で「登録しました」と表示されるはずです。

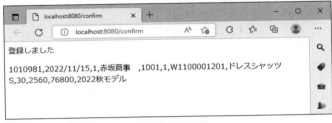

図6-20　confirmページに出力された内容

　しかし、実際のWebアプリケーションでは、サーバーとの間のネットワークや、サーバーそのものに何らかの障害が発生して登録確認の画面までに至らなかったり、Excelデータとして用意した入力内容に不備があったりして処理が止まることが考えられます。

　そこで、問題なく登録されたことを確認するために、「Webページのコンテンツを待機」アクションを使っています。

図6-21 「Webページのコンテンツを待機」アクションの編
集画面

　「Webページのコンテンツを待機」アクションでは、「Webページの
状態を待機する」という項目で、Webページを開くときに何を待つの
かを選ぶことができます。

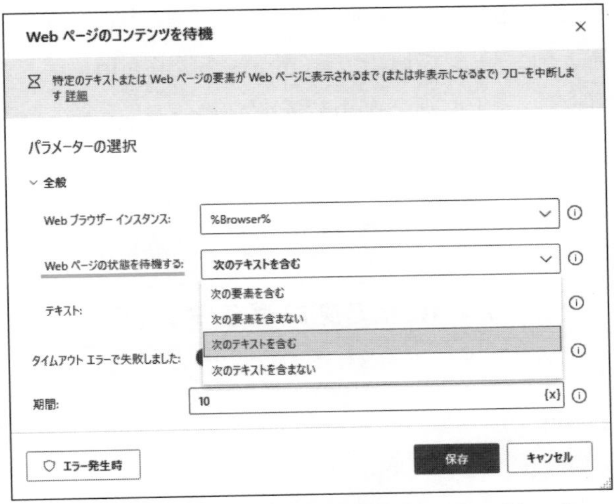

図6-22 「Webページの状態を待機する」のプルダウンメ
ニューを開いたところ

　ここで選べるのは「次の要素を含む／含まない」「次のテキストを含
む／含まない」の4種類です。「要素」に指定するのはUI要素です。こ
こでは「次のテキストを含む」を指定し、具体的な文字列を「テキスト」
に「登録しました」と指定しました。

　また、「タイムアウトエラーで失敗しました」をオン（青）にして、「期間」
を10（秒）としました。これで、/confirmのページを開く際、10秒以
内に「登録しました」の文字列が表示されないとサブフローが完了せ
ず、フローが止まることになります。このアクションを入れておくことに
より、入力がうまく行っていないことに気付かずに処理を続けてしまう
という状態を防止することができるわけです。なお、「Webページのコ
ンテンツを待機」アクションは「ブラウザー自動化」グループにありま
す。

　その次の「Wait 2秒を待機します」アクション（17番目）は、登録
した内容を人間が目視で確認するためのウエイトです。14番目と同様
に、処理的にはなくてもかまいません。

最後に、「Webページに移動」アクションを使って、次のデータを入力できるようにページをhttp://localhost:8080/addに戻します。これで繰り返し、売上明細をWebアプリケーションに登録することができます。

Pythonでプログラミング

　今度はPythonでPower Automateと同様にブラウザー操作を自動化していきましょう。Selenium（セレニウム）というライブラリを使うと、PythonでもWebアプリケーションに対するブラウザー操作を自動化することができます。

　Seleniumも外部ライブラリなので、pip install seleniumでインストールします。

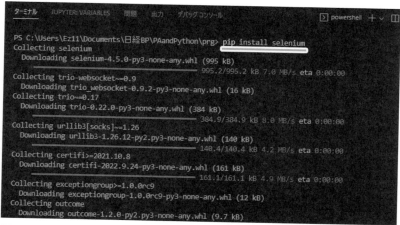

図 6-23　まずpipコマンドでSeleniumをインストール

　ただし、Seleniumを使うには、seleniumライブラリのインス

トールだけでは足りません。使用するWebブラウザーに合わせた
WebDriverのダウンロードが必要です。作成したプログラムを他のパ
ソコンで使う場合は、ユーザー側のWebブラウザーにもWebDriver
が必要になります。

▷ Webブラウザー用のドライバーをインストール

　WebブラウザーにChrome（クローム）を使う場合のWebDriver
について説明をします。まず最初にChromeのバージョンを確
認します。同じChromeでもバージョンによってインストールする
WebDriverが異なるためです。設定画面を開き、ウィンドウ左側の
メニューから一番下にある「Chromeについて」をクリックすると、
Chromeのバージョンがわかります。

図 6-24　Chrome のバージョンを確認する

　すべての桁を確認する必要はありません。先頭の3桁の数字を覚え

ておきます[*3]。もっとも、このページは開いたままで以降の作業は続けられるので、いつでも参照して確認することは可能です。

　次に新しいタブを開き、ChromeDriverのページにアクセスします。

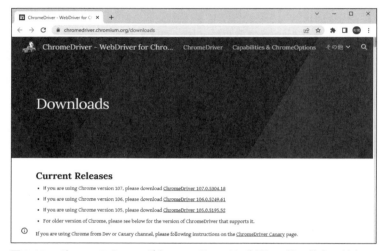

図6-25　**ChromeDriverのダウンロードページ。先頭の3桁の数字で対応バージョンを見分ける**

https://chromedriver.chromium.org/downloads

　ここで、図6-24で確認したバージョンに対応したWebDriverのリンクをクリックします[*4]。

　Windowsの場合はchromedriver_win32.zipをダウンロードします。

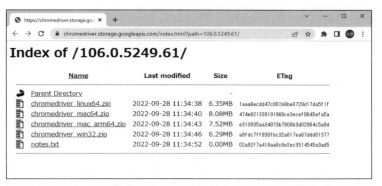

図6-26　Windowsの場合はchromedriver_win32.zipをダウンロードする

　このzipファイルを展開するとchromedriver.exeが出てきます。この実行ファイルがWebDriverの本体です。このファイルをプログラムからアクセスしやすいフォルダー、たとえばC:\chrome_drvなどのフォルダーを作って配置しましょう。これでWebページを操作するプログラムの準備ができました。

▷ Pythonの待機にはsleep関数を使う

　では、プログラムの説明に移りましょう。Webページに売上明細を自動で入力するプログラムを見てください。

コード6-2　Webページに自動で値を入力するauto_input.py

```
01  from selenium import webdriver
02  from selenium.webdriver.common.by import By
03  from selenium.webdriver.common.keys import Keys
04  from selenium.webdriver.support.ui import WebDriverWait
05  from selenium.webdriver.support import expected_
                                conditions as EC
06  from time import sleep
```

```
07    import openpyxl
08
09
10    SALES_LIST_PATH = r"c:\data\flowchart"
11
12
13    def input_record(row):
14        elem_splitNo = driver.find_element(By.NAME,
                                             "splitNo")
15        elem_splitNo.clear()
16        elem_splitNo.send_keys(row[0].value)
17
18        date_str = row[1].value.strftime("%Y%m%d")
19        elem_date = driver.find_element(By.NAME, "date")
20        elem_date.clear()
21        elem_date.send_keys(date_str)
22
23        elem_cusCode = driver.find_element(By.NAME,
                                             "cusCode")
24        elem_cusCode.clear()
25        elem_cusCode.send_keys(row[2].value)
26
27        elem_cusName = driver.find_element(By.NAME,
                                             "cusName")
28        elem_cusName.clear()
29        elem_cusName.send_keys(row[3].value)
30
31        elem_perCode = driver.find_element(By.NAME,
                                             "perCode")
```

```
32      elem_perCode.clear()

33      elem_perCode.send_keys(row[4].value)

34

35      elem_no = driver.find_element(By.NAME, "no")

36      elem_no.clear()

37      elem_no.send_keys(row[5].value)

38

39      elem_proCode = driver.find_element(By.NAME,
                                               "proCode")

40      elem_proCode.clear()

41      elem_proCode.send_keys(row[6].value)

42

43      elem_proName = driver.find_element(By.NAME,
                                               "proName")

44      elem_proName.clear()

45      elem_proName.send_keys(row[7].value)

46

47      elem_quantity = driver.find_element(By.NAME,
                                                "quantity")

48      elem_quantity.clear()

49      elem_quantity.send_keys(row[8].value)

50

51      elem_unitPrice = driver.find_element(By.NAME,
                                                 "unitPrice")

52      elem_unitPrice.clear()

53      elem_unitPrice.send_keys(row[9].value)

54

55      elem_amount = driver.find_element(By.NAME,
                                              "amount")
```

```
56        elem_amount.clear()
57        elem_amount.send_keys(row[10].value)
58

59        elem_remarks = driver.find_element(By.NAME,
                                                     "remarks")
60        elem_remarks.clear()
61        if row[11].value != None:
62            elem_remarks.send_keys(row[11].value)
63        else:
64            elem_remarks.send_keys("")
65

66        sleep(2)
67        elem_btn = driver.find_element(By.ID, "btnSubmit")
68        elem_btn.send_keys(Keys.ENTER)
69        sleep(2)
70        wait = WebDriverWait(driver, 10).until(
71            EC.text_to_be_present_in_element((By.ID,
                                         "conText"), "登録しました")
72        )
73        driver.back()
74

75

76  driver = webdriver.Chrome("C:\chrome_drv\
                                         chromedriver")
77  driver.get("http://localhost:8080/add")
78

79  wb = openpyxl.load_workbook(SALES_LIST_PATH + r"\
                                         salesList_py.xlsx")
80  sh = wb.worksheets[0]
```

```
81
82    for row in sh.iter_rows(min_row=2):
83        input_record(row)
84
85    wb.close()
86    driver.close()
```

　まずSeleniumライブラリからモジュールや定数、関数をいろいろインポートしています。それぞれの機能はプログラム中で記述するときにそれぞれ説明していきます。次にtimeモジュールからsleep関数をインポートしています。sleep関数はPower AuotomateのWaitアクションと同じで、プログラムの動作中、指定した秒数待つために使います。これは、PythonのプログラムでもPower Auotomate同様に入力内容を目視で確認できるよう、Webページの表示する時間を確保するためです。Power Automateでは「Wait 秒数」であり、Pythonではsleep(秒数)です。もちろん、Excelデータも扱うのでopenpyxlモジュールもインポートします。

　11行目のSALES_LIST_PATHに宣言しているのは、売上一覧表ブックの存在するディレクトリです。

　その次に、13行目の

```
def input_record(row):
```

で、input_record関数を宣言しています。引数としては、シートの明細行の1行分の各セルを受け取るという設計です。この関数では、引数として受け取った1行分の売上明細のタプルをもとに、それぞれの値を対応したテキストボックスに入力していきます。この処理を、最初の項目である「伝票NO」から最後の「備考」まで、合計12項目分、実行します。この関数のコードは、15行目から65行目まで同じような

コードが続きます。input_record関数の詳細はあとでくわしく説明します。ここでは、大まかな流れをつかむため次の処理に進みます。

▷ WebDriverを呼び出してWebページを操作

大事なコードは77行目の

```
driver = webdriver.Chrome("C:\chrome_drv\chromedriver")
```

です。ダウンロードしたchromedriverを引数に与え、Chrome（クローム）を操作するドライバ・オブジェクトを変数driverに生成しています。driverのgetメソッドは引数に指定したURLのページを取得します（78行目）。これでWebを開いて、そこのテキストボックスに入力する準備が整いました。

次にopenpyxlライブラリのload_workbook関数でsalesList_py.xlsx（売上一覧表ブック）を読み込み、変数wbでブックを操作できるようにします（80行目）。81行目では

```
sh = wb.worksheets[0]
```

と、インデックス0で指定したシートを変数shに取得します。83行目のforループで、shのiter_rowsメソッドに名前付き引数[5]

```
min_row=2
```

を指定して、ヘッダー行を除く全行を順々に読み込みます。その結果、

＊5　「名前付き引数」は、通常の引数が記述した順序で識別するのに対し、「仮引数＝値」のように引数の名前で識別する手法です。

変数rowには、そのときに処理対象となっている行の明細内容がタプル形式で入ります。それをinput_record関数に渡して、関数の処理を実行させます。これをすべての明細行で繰り返し、売上一覧表シートの全行をWebアプリケーションに入力したら、ブックとドライバーを閉じます。これがプログラムの全容です。

▷ input_record関数でUI要素を探して値を入力

このプログラムのエンジン部分であるinput_record関数の説明に戻ります。

driverのfind_elementメソッドは、Power AutomateでいうところのUI要素を見つけます。By.NAMEという定数でUI要素の種類をname属性であると指定しています。name属性以外には、ID属性やXPATHなどをBy.IDやBy.XPATHと指定することができます。第二引数には"splitNo"のように探したい文字列を指定します。これでinputタグによって作成された該当のテキストボックスにロケート（位置づけ）してくれます。なお、どの項目にどのようにinputタグが記述されているかは、コード6-1の14〜25行目で確認してください。この記述はWebページのソースにそのまま書かれているので、プログラムは開いたWebページを参照して、値を入力する先を特定できるのです。

name属性を使ってUI要素を指定したら、いったんその値をclearメソッドでクリアし、あらためて

```
send_keys(row[0].value)
```

のようにしてsend_keysメソッドで値を入力します。auto_input.pyの15〜17行目の記述を詳細に説明するとこうなります。

このようにして、row[0].valueからrow[11].valueまでを対応するテ

キストボックスに入力していきます。ただし、row[1].valueはdatetime（日時）型なので、売上一覧表から読み込んだ値をそのまま入力するのではなく

```
strftime("%Y%m%d")
```

で書式化し、文字列に変換してから入力しています。

またrow[11].valueは「備考」欄ですが、備考には値が入っていない場合があります。そこで62〜65行目のように

```
!= None
```

つまり「Noneでない」のときには、ほかのUI要素と同様に

```
row[11].value
```

を、そうでないときは""（空文字）を入力しています。Noneをそのまま入力するとエラーになるからです。

すべてのテキストボックスに入力したら、68行目の

```
find_element(By.ID, "btnSubmit")
```

というコードで、ID属性により「登録」ボタンを探します。このボタンのIDが何なのかは、bottle01.pyの26行目で確認してください。

そして、3行目の

```
from selenium.webdriver.common.keys import Keys
```

でインポートしたKeysのENTERをsend_keysで送ります（69行

目）。これで登録ボタンが押されます。

　次に4行目の

```
from selenium.webdriver.support.ui import WebDriverWait
```

でインポートしたWebDriverWaitと5行目の

```
from selenium.webdriver.support import expected_conditions
as EC
```

でECという別名を付けたexpected_conditionsを使います。何をするかというと

```
WebDriverWait(driver, 10)
```

により、処理の続行を最大10秒停止して、待ち時間を作ります（71行目）。何を待つかというと、

```
EC.text_to_be_present_in_element((By.ID, "conText"), "登録
しました")
```

です。どういうことかというと、IDが「conText」である要素で「登録しました」という文字列が表示されるのを待つのです。表示されたかどうかを判断するのにexcpected_conditionsを使っています。

　想定通り「登録しました」とページに表示されれば

```
driver.back()
```

で前のページ、つまりhttp://localhost:8080/addの入力ページに戻

ります（74行目）。

　auto_input.pyを実行すると、入力画面(/add) と確認画面(/confirm)が繰り返し表示されます。もちろん、先にbottle01.pyを実行してWebアプリケーションを起動しておく必要があります。

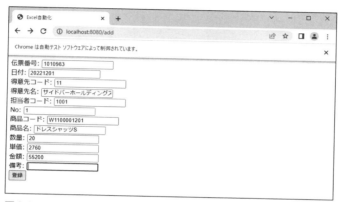

図6-27　PythonがWebページに自動入力したところ（/add）

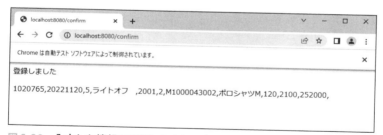

図6-28　入力した情報を登録したあとに表示される確認ページ（/confirm）

　ExcelデータをWebアプリケーションに登録する処理をPower AutomateとPythonで作ってみました。どうでしょう。これまでの章よりもさらに、それぞれツールは違っても、明確に同じことをしていると感じてもらえたのではないでしょうか。

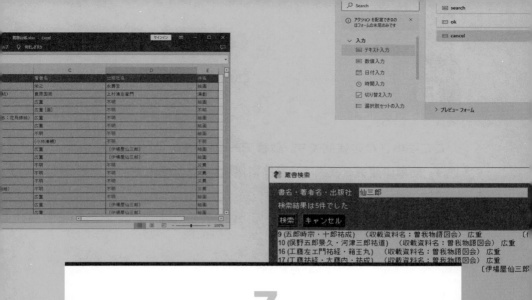

第 7 章

複数のキーで検索する
プログラムを作る

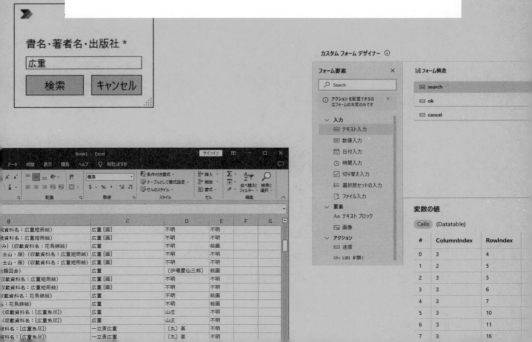

ここは小さな図書館です。蔵書データはExcelで持っていま
す。簡単に蔵書を検索できる検索処理プログラムを作ってくだ
さい。

要件定義

　簡単に蔵書を検索する処理を作れというミッションなので、さしあ
たり書名、著者名、出版社名のうち一部分でもわかっていれば、その
文字列を入力して蔵書を検索できる処理を作ろうと思います。
　処理の構造は単純です。

・検索キーワードを受け取る
・蔵書データからマッチする行を探す
・マッチした行の情報を表示する

という流れになります。
　これでほぼ全体の流れも説明できてしまうので、本章ではフロー
チャートは省略します。トレーニングしたいという人は、自分なりにフ
ローチャートを作ってみてください。Power Automateのフローがほ
ぼフローチャートの役割を果たすので、そちらも参考にしてください。
　今回の検索などのようにユーザーの指示を受け取る処理では、無限
ループが一つ必要になります。1回の検索で目的の本が見つかるとは

限りませんし、目的の結果が得られなければユーザーは何度も検索を
繰り返すかもしれません。また、何冊分の検索をするかもプログラム
側からはわかりません。検索をいつやめるかもわかりません。そんな
ときはプログラム側で無限ループを用意し、何かの条件で無限ループ
から抜け出すようにします。逆にいうと、ユーザーが検索をし続ける限
り、ずっとその無限ループの中で検索処理を続けるようにすればいい
ということでもあります。

　ループはもう一つ必要です。検索条件に合う本が複数見つかる場
合があるので、繰り返し検索しなければいけないからです。この二つ
のループがあれば処理はできそうです。基本的なプログラムの構造
は、ここまで固めておけばいいでしょう。

　では、蔵書データを見てみましょう。本章のサンプルとしては、国立
国会図書館のオープンデータを利用させてもらいました。これを、蔵
書台帳.xlsxとして元データとします。

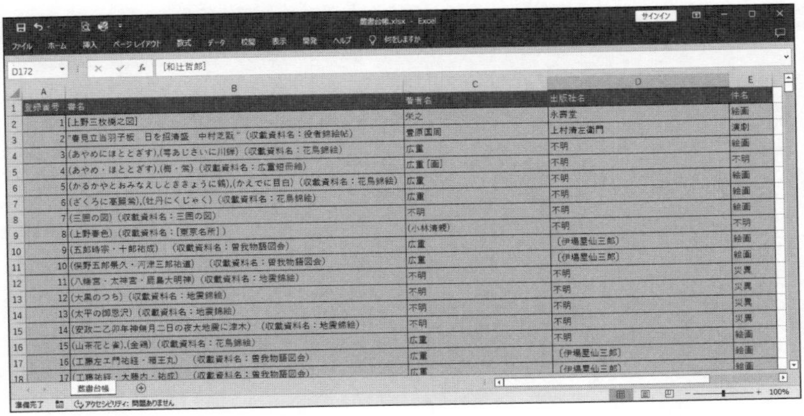

図7-1　蔵書台帳となるExcelデータ

　古典のデータの一部を若干編集し、蔵書台帳.xlsxファイルのシー
ト「蔵書台帳」に記録しました。このシート「蔵書台帳」から入力さ

れた書名、著者名、出版社名の一部で該当する本を検索する処理を
Power Automate と Python で作成します。

Power Automate でフロー作成

さっそく Power Automate でフローを作成していきます。今回も
Main フローとサブフローの2本立てにします。サブフローの処理は、
検索条件に一致した本のデータを新規 Excel ブックのシートに表示
（転記）して行く処理です。

サブフローはあとで説明することにして、先に Main フローから見て
いきましょう。

図 7-2　**Main フロー全体**

Main フローの中で今回注目してほしいアクションが三つあります。3 番目の「ループ条件」、4 番目の「カスタムフォームを表示」、8 番目の「Excel ワークシート内のセルを検索して置換する」です。

まず、「ループ条件」について説明します。このアクションでは、

```
While ('True') = ('True')
```

という条件付きのループを作っています。True（真）と True（真）を比較した結果は常に True（真）です。このため、この条件をもとにしたループは、終わらないループになります。これで、要件定義のところ

で触れた無限ループを作ることができます。

▷ **カスタムフォームデザイナーで入力画面を作成**

4番目の「カスタムフォームを表示」アクションで、このフロー独自の
入力フォームを作成することができます。

「カスタムフォームを表示」アクションは、「メッセージボックス」アク
ショングループにあります。

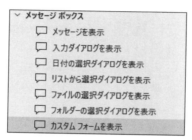

図7-3 「メッセージボックス」アク
ショングループ

このアクションで作りたいのは、次のような検索条件を入力するた
めのフォームです。

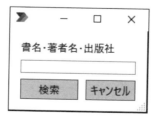

図7-4 今回作成する、キーワード
検索用のカスタムフォーム

フローを実行すると、このような入力フォームが表示されます。検索文字列を入力するテキストボックスと「検索」ボタン、「キャンセル」ボタンのあるフォームです。そのためのアクションが「カスタムフォームを表示」です。このアクションでは、カスタムフォームデザイナーでフォームにUI部品を配置していくことができます。

図7-5 「カスタムフォームを表示」の編集画面を開いたところ

入力された値は変数CustomFormDataに、押されたボタンはButtonPressedに入ります。

フォームをデザインするためには、「カスタムフォームデザイナー」ボタンをクリックします。

図7-6　カスタムフォームデザイナーでフォームを作成する

　カスタムフォームデザイナーでは、中央のフォーム構造に左側の
フォーム要素から部品を配置します。操作自体は、アクションをフロー
に配置するのと同じです。ここでは「入力」から「テキスト入力」を、そ
の下に「アクション」から「送信」を2個配置しました。2個並べたのは、
配置するボタンが2種類（「検索」と「キャンセル」）あるためです。

　右側のペインで各部品の仕様（プロパティ）を設定できます。図
7-6は、「テキスト入力」のプロパティを開いたところです。ここで「ID」
には「search」と入力し、ラベルには「書名・著者名・出版社」と入力
しました。画面中央下部のプレビューフォームを見るとどのように表示
されるのかわかります。

　2個配置した「送信」アクション（送信ボタン）のうち、一つは「ID」
に「ok」、「タイトル」に「検索」を設定しました。ボタンのようなUI部品
はこのように設定しておけば、以降はこのIDで操作することができま
す。

図7-7 **最初の送信アクション**

　もう一つの送信ボタンのIDは「cancel」、タイトルは「キャンセル」としました。

図7-8 **「キャンセル」ボタン用の「送信」アクションの設定**

▷ 押されたボタンの処理をMainフローで作る

　これでフォームを設計できたので、Mainフローに戻ります。5〜7番目のフローが、無限ループから強制的に抜け出すためのアクションです。

　表示されたフォームで押されたボタンのIDは変数ButtonPressedに入ります。その値はokもしくはcancelです。このときButtonPressedの値がcancelとイコール（＝）だったら、ループを抜けるアクションで無限ループを抜けます。ユーザーが検索しないという操作をしたことで、検索処理をする無限ループを終了させるようにするというわけです。無限ループは勝手には終わりませんので、このようにループから抜ける何らかの仕掛けが必要です。

　8番目の「Excelワークシート内のセルを検索して置換する」アクションが、このフローの核心部分である検索処理です。

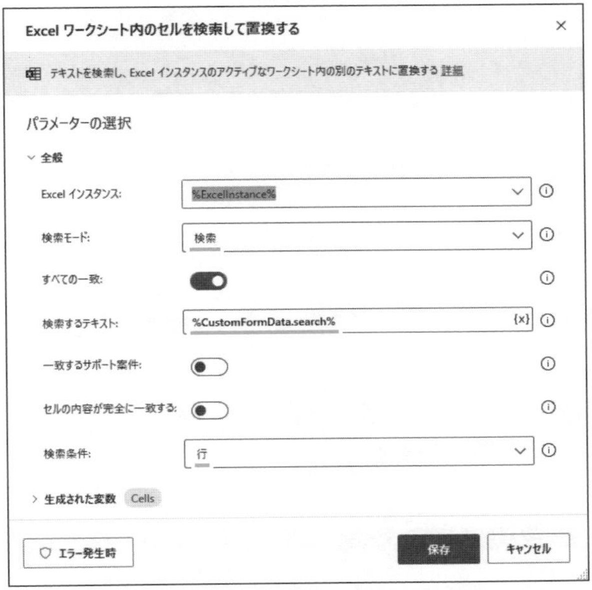

図 7-9 「Excelワークシート内のセルを検索して置換する」アクションの編集画面

ここでは「検索モード」で検索か検索して置換かを選択できます。「検索するテキスト」にCustomFormData.searchを指定しています。これは、4番目の「カスタムフォームを表示」アクションで、フォームへの入力により取得したCustomFormDataのsearchテキストボックスの値です。

「検索条件」には行と列を指定することができます。行の中に入力された文字列が存在するか検索したいので行を指定しています。変数Cellsに検索結果が入ります。これについては、実際にフローを動かしてどのような値が入るのか見てみましょう。

▷ ブレークポイントを設定してフォームの動作を確認

フローを実行すると、キーワードを入力するフォームが表示されま

す。ここで「広重」と入力して「検索」ボタンを押しました。

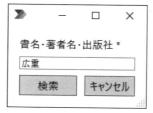

図7-10　「広重」と入力して検索

　変数Cellsの値を確認できるように実行前に9アクション目にブレークポイントを設定しています。

図7-11　Mainフローの9番目にブレークポイント

　ブレークポイントでフローの実行が止まったら、フロー変数のCellsをダブルクリックして値を確認しましょう。

図7-12　フロー変数のCellsをダブルクリック

　変数CellsはDatatable（データテーブル）です。Datatableは
Pythonでいうと二次元のリストみたいなものです。

#	ColumnIndex	RowIndex
0	3	4
1	2	5
2	3	5
3	3	6
4	3	7
5	3	10
6	3	11
7	3	16
8	3	17

変数の値

Cells (Datatable)

閉じる

図7-13　変数Cellsの値を表示したところ

　変数Cellsは、項目としてColumnIndexとRowIndexを持ってい

ます。RowIndex（行インデックス）がたくさんあるということは複数の行で「広重」にヒットしたということです。ColumnIndex（列インデックス）は書名、著者名、出版社名などの列のうち、どの列で見つかったかを示します。

このデータテーブルCellsのRowIndexをもとに、蔵書台帳のデータから「広重」を含むセルがある行を選択していけばいいわけですね。ここでは、見つかった文献を新規のブックに書き込んでいくことにします。

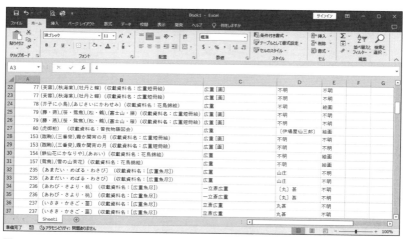

図7-14　検索結果を新規ブックのシートに書き込んだところ

このように検索結果を書き込む処理は、show_resultサブフローで行います。

▷ 検索結果がないとき／あるときで処理を分岐

Mainフローを続けて見ていきます。検索結果があるときはここまで見たような動作でいいのですが、実際には検索結果が見つからない

ときもあります。検索した結果、何らかの文献が見つかったのか、見つからなかったのかを判断するために、9番目のIfアクションでCells.IsEmptyとTrueと比較しています。

```
If                                                            ×

⏸  このステートメントで指定した条件を満たす場合に実行する、アクション ブロックの開始を示します 詳細

パラメーターの選択

最初のオペランド:        %Cells.IsEmpty%                        {x}  ⓘ

演算子:                 と等しい (=)                      ∨   ⓘ

2 番目のオペランド:      True                                   {x}  ⓘ



                                              保存      キャンセル
```

図7-15　**Ifアクションの編集画面でCells.IsEmptyがTrue
と等しいことを条件に設定**

　ここで変数Cellsが空のとき、IsEmptyはTrueを返します。そのときは「データが存在しません」とメッセージを表示することにしています（10番目）。

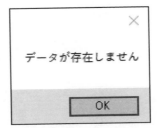

```
                    ×

  データが存在しません


        OK
```

図7-16　**検索結果がないときは「データ
が存在しません」と表示**

そうでないときはElse(11番目)に処理が移動し、12番目のアクショ

ンが実行されます。つまり、データが存在するときは「サブフローの実行」アクションでshow_result サブフローを実行します。

　Mainフローは、「While ('True') = ('True')」を条件とする「ループ条件」アクションによる無限ループを繰り返します。このループの中で、ユーザーがキーワードの入力画面で「キャンセル」ボタンを押したときのみ、「ループで抜ける」アクションが発動します。その場合は、「Excelを閉じる」アクションでおしまいです（15番目）。

▷ 検索結果を転記するサブフローを作成

　では、12番目の「サブフローの実行」アクションで呼び出されるshow_resultについてくわしく見ていきましょう。

図7-17　show_resultサブフロー

　このサブフローの最初のアクションは「Excelの起動」です。ここで

開くのは検索結果を書き込む新規のブックです。そこで、「空白のドキュメント」、つまり新規ブックを作成し（1番目）、自動的に作成されているシートをアクティブにします（2番目）。

3番目の「変数の設定」アクションで、WriteRowIndexという名前で1を代入している変数は、シートの何行目まで書き込んだかを記録するための変数です。

4番目の「For each」アクションで、データテーブル Cells から1行分のデータを変数Cellに代入します。変数Cellは一次元のリストになると考えてください。次の「Excelワークシートから読み取る」アクションはMainフローで開いたシート「蔵書台帳」からのデータの読み取りです。

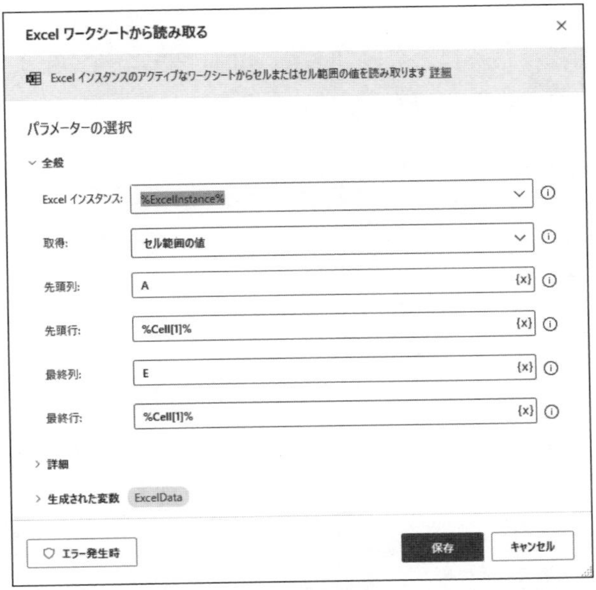

Excel ワークシートから読み取る ×

Excel インスタンスのアクティブなワークシートからセルまたはセル範囲の値を読み取ります 詳細

パラメーターの選択

∨ 全般

Excel インスタンス:	%ExcelInstance%	∨	ⓘ
取得:	セル範囲の値	∨	ⓘ
先頭列:	A	{x}	ⓘ
先頭行:	%Cell[1]%	{x}	ⓘ
最終列:	E	{x}	ⓘ
最終行:	%Cell[1]%	{x}	ⓘ

> 詳細
> 生成された変数　ExcelData

○ エラー発生時　　　　　　　　　　　保存　キャンセル

図 7-18　**「Excelワークシートから読み取る」アクションの編集画面**

まず読み込む対象はExcelInstanceです。読み込むセル範囲の指

定では、「先頭列」はAで「最終列」はEです。つまり、シート「蔵書台帳」
でデータが入力されている列範囲を指定しました。

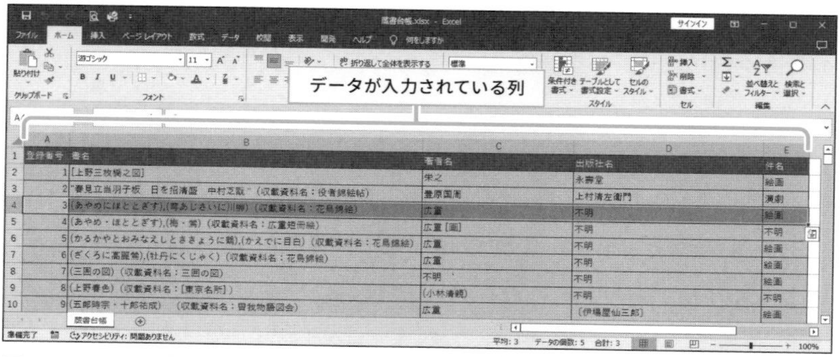

図7-19　シート「蔵書台帳」から読み込む列の範囲

「先頭行」「最終行」にはどちらもCell[1]を指定しています。もう一
度、変数Cellsの例を見てください。

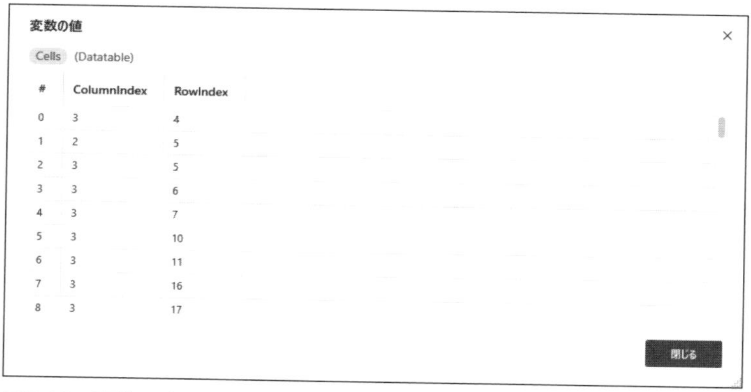

図7-20　変数Cellsの例

Cell[0]にはColumnIndexが入っており、Cell[1]にはRowIndex
が入っているので、これで検索条件にマッチした行を指定したことにな

ります。読み取ったデータは変数ExcelDataに入ります。

このExcelDataの値を、しかるべき場所に書き込みます。これが6番目の「Excelワークシートに書き込む」アクションです。

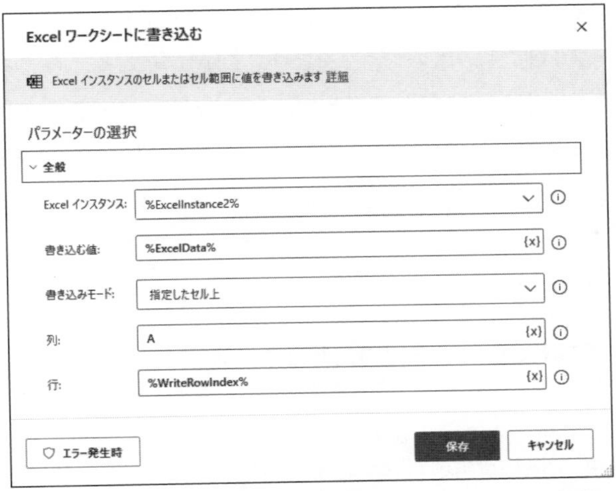

図7-21　「Excelワークシートに書き込む」アクションの編集画面

「Excelインスタンス」に指定するのが、書き込み先のブックです。サブフローの最初に開いたブックであるExcelInstance2を指定します。この指定により、2番目のフローでアクティブにしたシートにデータが書き込まれます。

このシートにExcelDataからデータを書き込むセルを指定します。具体的には書き込みの開始位置を、「列」はAで指定します。これでA列から順にExcelDataが持つ各セルの値が書き込まれます。開始位置の「行」はWriteRowIndexが示す行です。WriteRowIndexはサブフローの3番目で設定しましたね。

1行分の書き込み処理が終わったら、次の7番目のアクションでWriteRowIndexの値に1を加算します。こうすることにより、検索結

331

果が複数あるときは次の行以降に順に書き込んでいくことができます。

　ここまで見てきて気づいた人もいるかもしれませんが、検索結果を書き込んだExcelブックはフローの中では閉じて(保存して)いません。こうすると、新しい条件で検索するたびに新しいブックが開きます。このフローでは検索結果のブックをどうするかは利用者に委ねることにしました。検索結果を残しておきたいかどうかは、ケースバイケースで変わると考えたためです。そのときには、このようにフローを終わらせればいいという例と考えてください。

Pythonで GUI を使った検索処理を作る

　Pythonではopenpyxlライブラリを使ってExcelデータを自在に加工することができます。そのことは、ここまで本書をご覧ならおわかりのことと思います。でも、それはExcelそのものを操作できることとは違います。Power AutomateのようにExcelを起動して、検索結果を目に見える形で1行ずつシートに書き込んでいくようなことはできません。ですから、ここでは第2章でも使ったPySimpleGUIライブラリを使って、検索処理を作成します。PySimpleGUIを使うことにより、検索条件をGUI (グラフィカルユーザインターフェース) で入力するというだけでなく、検索結果もGUIで表示するようにしようと思います。

　どのような使い勝手になるのか、実行イメージから説明します。

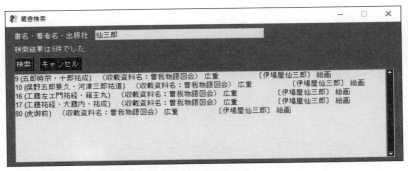

図7-22　Python で作った蔵書検索の実行イメージ

　まず一番上に「書名・著者名・出版社」と表示するテキスト要素があ
ります。ユーザー向けのメッセージにあたります。その右に検索文字
列を入力するインプット要素を設けます。プログラムは、ここに入力さ
れた文字列が書名、著者名、出版社名に含まれるかを検索します。そ
の下に検索条件にマッチしたデータが何件あるかを表示するテキスト
要素があります。さらにその下にボタンが2個あります。左側の「検索」
ボタンをクリックすると検索処理を実行し、「キャンセル」ボタンをク
リックすると処理を終了します。ボタンの下にあるのが、リストボックス
です。リストボックスに検索結果を入れます。リストボックスを使う理
由は、リストボックスなら検索条件にマッチする本がたくさんあっても
右側のスクロールバーでスクロールして、すべての検索結果を見ること
ができるからです。

　では、このプログラムを見ていきましょう。

コード7-1　Pythonの蔵書検索プログラムcollection_search01.py

```
01  import openpyxl
02  import PySimpleGUI as sg
03
04
05  LIBRARY_PATH = r"c:\data\flowchart\library"
06
07  def show_result(search):
08      found_lst = []
09      counter = 0
10      for row in sh.iter_rows(min_row=2):
11          if search in (str(row[1].value) + str(row[2].
                              value) + str(row[3].value)):
12              counter += 1
13              found_str = f"{row[0].value} {row[1].
                              value} {row[2].value} \
14              {row[3].value} {row[4].value}"
15              found_lst.append(found_str)
16      window['-LIST-'].update(found_lst)
17      return counter
18
19
20  wb = openpyxl.load_workbook(LIBRARY_PATH + r"\蔵書台帳
                                              .xlsx")
21  sh = wb[r"蔵書台帳"]
22
23  layout = [[sg.Text("書名・著者名・出版社"),sg.Input(key="-
                              condition-")],
```

```
24          [sg.Text("",key="-result-")],
25          [sg.Button("検索",key="-search-"),sg.
                Button("キャンセル",key="-cancel-")],
26          [sg.Listbox([], size=(100, 10), enable_
                events=False, key="-LIST-")]]
27
28  window = sg.Window("蔵書検索",layout)
29
30  while True:
31      event,values = window.read()
32      if event == sg.WIN_CLOSED or event == "-cancel-":
33          break
34      if event == "-search-":
35          cnt = show_result(values["-condition-"])
36          window["-result-"].update(f"検索結果は{cnt}件
                でした")
37
38  wb.close()
```

要件定義とフローチャート　Power Automate　Python

　collection_search01.pyでは、openpyxlライブラリのほかにPySimpleGUIをインポートします（1〜2行目）。PySimpleGUIには短い名前で扱えるようにsgという別名を付けます。「sg」にしなくてはいけないわけではないのですが、PySimpleGUIの場合、別名はsgにすることが推奨されています。外部ライブラリですので、pipコマンドでインストールしてやる必要があります。第2章を飛ばして本章を読んでいる場合は、第2章を参考にあらかじめPySimpleGUIをインストールしておいてください。LIBRARY_PATHが蔵書台帳.xlsxが存在するディレクトリです（5行目）。

　7行目からのshow_result関数が検索条件にマッチした本のデー

タをリストボックスに追加する処理を受け持ちます。それに続けて load_workbook関数で蔵書台帳.xlsxを取得し、シート「蔵書台帳」を変数shで扱えるようにしています（20〜21行目）。

show_result関数がこのプログラムのエンジン部分です。ここが気になる人も多いでしょうが、関数の詳細は後回しにして、画面を作成するところを先に説明しましょう。

▷ UI要素をリストで記述してウィンドウに表示

次に、変数layoutに画面レイアウトを作成していきます。データの構造としてはリストのリストです。外側のリストがGUI画面全体を表し、中のリストが1行分の表示を表しています。

23行目の記述が、画面の1行目の表示です。最初の要素に出てくる

```
sg.Text()
```

で引数に指定した文字列を表示します。他のプログラミング言語や開発環境ではLabel（ラベル）と呼ばれるものの用途に似ています。次の要素の

```
sg.Input()
```

で入力欄を作ります。これはテキストボックスと言えばわかりやすいでしょうか。Inputにはkeyを指定して名前を付けることができます。

```
sg.Input(key="-condition-")
```

とすると

```
{'-condition-': '入力した内容'}
```

という値として取得できます。これは辞書（dictionary）と呼ばれる
データ型で、Pythonの便利なデータ構造の一つです。キーと値をペ
アで記録するので他のプログラミング言語では、キーバリューペアなど
と呼ばれたりします。辞書ではキーを指定して値を取得することがで
きます。辞書は波かっこ（{　}）で囲みます。
　次（24行目）で

```
sg.Text("",key="-result-")
```

では、sg.Textの第1引数に""、つまり0文字の文字列を設定していま
す。その結果、キーが-result-で、値が空の辞書型データ、つまり

```
{'-result-': ' '}
```

という値が返ってきます。こうした理由は、最初は何も表示しないでお
いて、表示する内容が決まってから、このkeyをもとに値を更新したい
からです。
　25行目に記述したButtonには、

```
"検索",key="-search-"
```

のように、表示する文字列とkeyを設定してします。このようなコード
にすることにより、押されたボタンのkeyを取得できます。
　その次（26行目）のListboxの引数は先頭から順に

```
[], size=(100, 10), enable_events=True, key='-LIST-'
```

となっています。最初の要素が検索結果になりますが、プログラム開始時には何も入れず、中身のないリストということにしておきます。次の要素であるsizeはwidth（横幅）、height（縦幅）の組み合わせで指定します。

enable_events=False

はイベントの有効化の設定です。Trueでイベントを有効、Falseで無効ですが、今回は検索結果を表示するだけなので無効にしています。有効にすると、リストボックスでいずれかの行をクリックしたといったイベントを拾うことができます。それに応じた処理を作るときには、イベントを有効にしておく必要があるというわけです。
　ここまで見てきた通り、keyの文字列は

-KEY-

のように、ハイフンで挟むことが推奨されています。
　28行目の

window = sg.Window("蔵書検索",layout)

という記述でwindowオブジェクトを作成します。引数はそれぞれタイトル、レイアウトです。これで検索画面を表示する準備ができました。

▷ 検索処理はwhile文で記述した無限ループの中に

　そして、プログラムはwhile True:の無限ループに入っていきます。31行目の

```
window.read()
```

で実際に画面が表示され、ユーザーの入力待ちになります。31行目の
eventにはユーザーが押したボタンのキーが、valuesには入力された
キーと値が入ります。

32行目、34行目のif文で、ウィンドウに入力された内容と押された
ボタンに応じて処理が変わるようにしています。

32行目の

```
sg.WIN_CLOSED
```

は、ウィンドウ右上の閉じるボタンの状態を返します。32行目全体で
は、31行目で取得したeventの内容、つまり押されたボタンが何かを
見て、これが閉じるボタンかキャンセルボタンだったという場合、33行
目のbreakでwhileループを抜けるという動作になります。検索ボタ
ンがクリックされたときは34行目のif文の条件にマッチするので、35
行目の

```
cnt = show_result(values["-condition-"])
```

というコードで、入力された検索文字列を引数にshow_result関数を
実行します。show_result関数は検索条件にマッチした件数を返すの
で、戻り値を変数cntに受け取り、36行目の

```
window["-result-"].update(f"検索結果は{cnt}件でした")
```

としたように、f-string（f文字列）を使って、「検索結果は」から始まる
文字列に検索された件数を{　}で埋め込んで、-result-キーを持つ

テキストをupdateで更新します。これで、検索結果の数を取得し、表示することができるのです。

▷ show_result関数で検索結果とその件数を求める

プログラム本体でshow_result関数が呼び出されたので、その処理内容をくわしく見ていきましょう。あらためて関数を定義した部分のみ、もう一度コードを書き出してみます。

コード7-2　show_result関数を定義するコード（collection_search01.pyより）

```
07  def show_result(search):
08      found_lst = []
09      counter = 0
10      for row in sh.iter_rows(min_row=2):
11          if search in (str(row[1].value) + str(row[2].
                                value) + str(row[3].value)):
12              counter += 1
13              found_str = f"{row[0].value} {row[1].
                                value} {row[2].value} \
14              {row[3].value} {row[4].value}"
15              found_lst.append(found_str)
16      window['-LIST-'].update(found_lst)
17      return counter
```

show_result関数は、引数として検索文字列を受け取ります。この関数定義の中では、受け取った引数を、関数定義の中でのみ有効な変数searchとして扱います。ちょっとややこしい言い方をしたのは、この関数定義以外のコードからはこの変数searchは参照できないことを言いたかったためです。こういう変数をローカル変数といいます。

8行目の

```
found_lst = []
```

で空のリストを作ります。9行目の

```
counter = 0
```

は件数を示す変数の初期化です。以降の検索処理でマッチする行が見つかるごとに、1ずつ加算していくため、counterという名前にしています。検索を開始する時点ではまだ何も見つかっていないので、初期化により0にします。

10行目のforループ

```
for row in sh.iter_rows(min_row=2):
```

でシート「蔵書台帳」の2行目から最終行まで1行ずつ値を読み取っていきます。そして、次（11行目）のif文で検索条件にヒットするか判断します。このとき

```
str(row[1].value) + str(row[2].value) + str(row[3].value)
```

とすることで、シート「蔵書台帳」から読み取った1行分のデータのうち、書名、著者名、出版社名を一つの文字列に連結します。その上でin演算子を使い、連結後の文字列の中に検索文字列searchが含まれているかを調べます。含まれていればin演算子はTrueを返します。

Trueが返ってきたら、処理が12行目に進みます。counterに1を加算して（12行目）、found_strには、登録番号から件名までをスペース（空白）区切りで一つの文字列として埋め込みます（13行目）。この

ように文字列を整形するためにf文字列を使っています。

　こうして整形したテキストを、検索結果を入れる変数found_lstに
append（追加）します（15行目）。検索条件にヒットする文献のデー
タをすべて追加したら、10〜15行目のforループを抜け、16行目の

```
window['-LIST-'].update(found_lst)
```

でリストボックスを更新します。ここで、検索結果の一覧が表示されま
す。

　そして最後にshow_result関数はcounterを返します（17行目）。

　プログラム本体では、35行目でshow_result関数を呼び出してい
るので、関数の処理が終わると戻り値であるヒットした件数が変数
cntに代入されます。それをもとに、36行目でウィンドウの検索件数
の表示が更新されるという動作になります。

> > > > > > > > > >

　ユーザーの入力を受け付ける処理で、無限ループを使うのは役に立
つテクニックです。ですが、無限ループは文字通り無限に処理を繰り
返すループです。無限に動作するということはプログラムが終了しない
ということになります。プログラムを終わらせられないというのは強制
的に終了させるしかないということになります。無限ループはそれ自体
バグになる可能性が高いもの。役には立つけど、毒にもなる。無限ルー
プを使うときは、ループを抜け出す手段を必ず用意しておかなければ
いけない点は忘れないでください。

おわりに　～Power AutomateとPython～

　RPAツールであるPower AutomateのフローとPythonのプログラ
ムを比較してみて、読者のみなさんはどう感じられましたか。Python
やExcel VBAなどのプログラミング言語を使う場合は、同じことをす
るのにいくつも言語の選択肢があります。言語が決まったとしても、ど
の方針でプログラミングするか迷ってしまい、なかなかプログラミング
に手が付けられないこともよくあります。この言語でプログラミングを
始めるとするとどうしたら効率いいだろうか?とか、バグ（プログラムの
欠陥）が出にくいのはどの言語で、どういう風にプログラミングしたと
きだろうか?などと考えると迷ってしまい、実際に必要な処理の作成
を開始するのに想定外に時間が掛かってしまったということもありまし
た。

　Power Automateの場合、目的の処理をするための方法が限定さ
れています。このように書くと不自由な環境ではないかと思われるかも
しれませんが、そういうわけではありません。Power Automate自体
がよく考えられて作られており、どう処理するか良く練られているとい
う印象を持っています。Power Automateに用意されているアクショ
ンだけで、さまざまな処理が実現できます。限定されていることを窮
屈に感じるというのではなく、自然と最適な方法に行き着くというイ
メージです。迷わず作っていけると言ってもいいかもしれません。

　プログラムコードを記述するのと比べると、Pythonなら1行で書け
るのに、アクションを三つも並べないといけないといった面倒くささは

確かにあります。でも、それは私が書籍で解説するために、説明調に
プログラムを書くのと同じくらいの手間に過ぎません。「説明調に」とい
うのは見方によっては「わかりやすく」、見方によっては「クドく」という
感じでしょうか。いずれにしても処理ができることには影響しないし、
効率が大きく落ちるわけでもありません。

　システム開発を本業にするSEやプログラマは開発を始めるにあたっ
て、標準と呼ばれるプログラミングのスタイルを決め、必要になるであ
ろう関数やライブラリを用意します。でもそういった開発者でないなら
ば、そんな準備なしにやりたいことから書き始めることが多いのでは
ないでしょうか。

　いきなりやりたいことから始めて、何とかなる安心感がPower
Automateにはあります。

　じゃあPythonは使わなくてもよいかというとそんなことはありませ
ん。Pythonには豊富な外部ライブラリがあるので、どんなミッション
でも何か答えを出せるはずだと信頼できる感じがあります。安心感と
いってもいいかもしれません。だから、Power AutomateもPython
も皆さんの強力な味方になることでしょう。

　本書が、みなさんがプログラムやフローを作成するヒントやきっかけ
になれば、私にとってそれは大きな喜びです。

2022年12月　　金宏 和實

Index

PROFILE
著者プロフィール

金宏 和實（かねひろ かずみ）

1961年生、富山県高岡市出身で在住。関西学院大学文学部仏文科卒、第1種情報処理技術者、株式会社イーザー代表取締役副社長。アプリケーション開発とライター活動をしている。プログラミングを初めて38年経った現在は、プログラミングの楽しさを伝えることをテーマとしている。NPO法人NATで小中学生を相手にロボット・プログラミングを教えたりもしている。

平成30年、31年前期富山大学芸術文化学部非常勤講師（プログラミング・リテラシー）。

著書は『Excel×Python最速仕事術』、『Excel×Python逆引きコードレシピ126』、『ビジネススキルとしてのプログラミングが8日で身につく本』（いずれも日経BP）など。

ブログは https://kanehiro.exe.jp/
Twitterは @kanehiro
Facebookは KanehiroKazumi
noteは https://note.com/kanehiro_kazumi/

Power Automate と Python でマスターする Excel 高速化

<hr />

2022年12月26日　第1版第1刷発行

著　者　金宏 和實

発行者　村上 広樹

編　集　仙石 誠

発　行　株式会社日経BP

発　売　株式会社日経BPマーケティング
　　　　〒105-8308 東京都港区虎ノ門4-3-12

装　丁　山之口 正和（OKIKATA）

デザイン　株式会社ランタ・デザイン

印刷・製本　図書印刷株式会社